GRAMÁTICA
DE LA LENGUA INGLESA

A Complete English Grammar Workbook
for Spanish-Speakers

James Taylor   *Nancy Stanley*

McGraw Hill

New York Chicago San Francisco Lisbon London Madrid Mexico City
Milan New Delhi San Juan Seoul Singapore Sydney Toronto

13 14 15 16 17 18 19 20 21 22 23 24 25   CUS/CUS   15   14   13   12   11

ISBN-13: 978-0-8442-0798-8
ISBN-10:   0-8442-0798-5
Library of Congress Control Number: 2004115859

Cover design by Nick Panos

This book is printed on acid-free paper.

INTRODUCCIÓN

GRAMÁTICA DE LA LENGUA INGLESA ofrece una introducción moderna, sencilla y práctica, a lo más esencial de la gramática inglesa. Está diseñada específicamente para los hispanoparlantes y trata los puntos que causan especial dificultad haciendo contrastes explícitos con el español.

GRAMÁTICA DE LA LENGUA INGLESA es un libro de referencia, una herramienta que se presta al manejo individual. Contiene más de 200 ejercicios para aclarar los puntos clave e incluye las respuestas en una sección aparte.

Puede ser también de particular interés el segundo Apéndice, el cual explica y ejemplifica ampliamente la relación entre las estructuras gramaticales y las funciones comunicativas.

Agradecemos a las muchas personas que con sus comentarios y sugerencias han mejorado este libro, y en especial al Profesor Manuel Luna Figueroa.

CONTENIDO

1 | LOS ELEMENTOS PRINCIPALES DE LA ORACIÓN

The plane arrived.
En esta oración hay dos elementos principales: **el verbo** (arrived), indicando la acción, y **el sujeto** (the plane), que realiza la acción. En español existe una oración similar: *El avión llegó.* También existe en español otra oración: *Llegó el avión.* Tal inversión no es posible en inglés. En inglés el orden de las distintas partes de la oración es mucho más rígido que en español. En oraciones afirmativas en inglés el sujeto aparece antes del verbo.

John piloted the plane.
Esta oración contiene tres elementos principales: **el sujeto** (*¿quién piloteó?–John*), **el verbo** (*¿qué hizo?–piloteó*) **y el objeto** (*¿qué piloteó?–the plane*). En este caso, la oración sería parecida en español. Pero si cambiamos el sustantivo *plane* por un pronombre, tenemos en inglés:

John piloted it.
Ahora en español cambiamos el orden: *John lo piloteó.* En inglés sin embargo, el orden queda igual. En inglés el orden característico para oraciones con un objeto es:

sujeto	verbo	objeto

John bought Mary a ring.
Esta oración contiene cuatro elementos principales: **el sujeto** (John), **el verbo** (bought) y **el objeto** (a ring) y el cuarto elemento que es "Mary" (*¿Para quién compró el anillo?*), **el objeto indirecto**. En oraciones con dos objetos en inglés, el objeto indirecto siempre va antes del objeto directo, aún cuando el objeto indirecto sea un pronombre: *John bought her a ring.*

Exercise 1:
En las siguientes oraciones, identifique los elementos numerados como:
sujeto (S)   **verbo (V)**   **objeto (O)**   **objeto indirecto (OI)**
(Las respuestas a todos los ejercicios en el libro se encuentran en las páginas 135 a 142 .)

a) The dog (1)...................... barked (2)...................
b) The man (3)...................... kicked (4)..................... the dog (5)...................
c) The dog (6)...................... bit (7) .... the man (8)...................
d) A woman (9)...................... hit (10)......................... the man (11)................
e) The man (12) .... sold (13)...................... the woman (14)............. his dog (15)...............

Exercise 2:
Ordene las palabras para formar oraciones.

1 stopped/car/the/./ _____

2 cars/likes/John/./ _____

3 him/Mary/ring/gave/a/./ _____

4 sent/Mary/he/letter/a/./ _____

5 men/ate/the/./ _____

6 enjoy/children/parties/./ _____

7

22 | LOS VERBOS TRANSITIVOS E INTRANSITIVOS

I   LOS VERBOS INTRANSITIVOS

Los verbos intransitivos son los que no necesitan más elementos y que no pueden tener un objeto.
Ejemplos: *The man arrived.*   *The cat died.*   *The girl cried.*

Con esta estructura en afirmativo no es posible invertir el sujeto y el verbo en inglés, mientras que en español tal inversión es muy común.
Lo que sí puede añadirse es un adverbio (ver Unidad 34):   *The cat died suddenly.*

También se puede añadir una frase adverbial (ver Unidad 36):   *The man arrived at the house.*

Los verbos intransitivos no ocurren en la voz pasiva porque no tienen objeto, el cual formaría el sujeto de la oración pasiva. Los verbos que siempre son intransitivos incluyen:

die   lie   arrive   sneeze   occur   sleep   hesitate   rain   pause

II   LOS VERBOS TRANSITIVOS

Hay un grupo de verbos que se consideran como transitivos aunque no tienen objeto, sino **complemento**. Estos son los llamados **verbos copulativos.** El principal es el verbo **to be** .

Be y Become pueden tener un sustantivo como complemento:
   John is a pilot.   *His daughter became a doctor.*
John y *pilot* son la misma persona. *His daughter* y *a doctor* son la misma persona.
Be y Become también pueden tener un adjetivo como complemento:
   John became ill.   *His daughter is intelligent.*

Hay un grupo reducido de otros verbos que también pueden tener un adjetivo como complemento. El grupo incluye:

appear   seem   look   feel   smell   sound   taste.

Todos estos verbos están relacionados con la idea de *aparecer,* o a la vista (*look, appear, seem*) o a los otros sentidos: *feel*– sentir (tacto); *smell*– oler; *sound*– sonar; *taste*– saber.

Nota: En español se puede invertir el sujeto y el complemento: *Es inteligente su hija. Sabe muy bien esta sopa.*
   En inglés no existe esta posibilidad. Igual que los objetos directo e indirecto, el complemento sigue al verbo.

Exercise 1: Relacione los verbos con los adjetivos.

look	feel	**bitter** (amargo)	**melodious** (melodioso)
smell	sound	**pretty** (bonito)	**perfumed** (perfumado)
taste		**silky** (sedoso)	

Exercise 2:
Relacione estos sujetos con las palabras del ejercicio 1 para formar oraciones.

1 That little girl _____.
2 This drink _____.
3 These flowers _____.
4 These blouses _____.
5 His voice _____.

Muchos verbos <u>necesitan</u> de un **objeto** para ser verbos completos y muchos otros <u>pueden o no</u> tener un objeto. Entre los muchos que siempre son transitivos se incluyen los del siguiente ejercicio.

Exercise 3:
Relacione los verbos de la lista A con los objetos de la lista B. (Algunos verbos tienen distintas posibilidades.)

A		B	
bring (traer)	**take** (tomar)	an apartment	a present
deny (negar)	**enjoy** (gozar)	the flu	a patient
examine (examinar)	**have** (tener)	the pills	the accusation
wrap (envolver)	**rent** (alquilar)	some friends	a party

Exercise 4:
Haga oraciones con combinaciones del ejercicio 3.

1 - Would you like to come to a party?
- Oh, yes. I always 1)_____.
- Great! And can you 2)_____?
- O.K. I'll tell John and Mary. Do you still live in the same house?
- No. Now Tom and I 3)_____ downtown.

2 - Hello, Dr. Smith.
- Oh, hi, nurse. Excuse me. I have to 4)_____ .
Now, Mr. Jones, what's the problem?
- I think I 5)_____, doctor.
- Well, here's a prescription. 6)_____ three times a day after eating.

3 - What do you need this paper for, Peter ?
- I have to 7)_____. It's Mary's birthday.
- Mary! You're in love with Mary!
- What are you talking about?
- Do you 8)_____?
- Of course I deny it. I'm in love with you.

Note que los verbos aquí, siendo transitivos, sí pueden ocurrir en la voz pasiva (ver Unidad 59).

Ejemplos: *This patient was examined by Dr. Smith.*
The accusation was denied by Peter.
Los cambios son similares a los que ocurren en español entre la voz activa y la voz pasiva:

| *Dr. Smith* | *examined* | ***the patient.*** |
| ***The patient*** | *was examined* | *by Dr. Smith.* |

Sin embargo, recuerde que la voz pasiva se emplea con mucho más frecuencia en inglés que en español.

3 | EL OBJETO INDIRECTO

Un grupo de verbos bastante numeroso puede tener dos objetos, uno directo y otro indirecto. El grupo incluye:

buy (comprar)	**send** (enviar)
give (dar)	**ask** (preguntar)
owe (deber)	**lend** (prestar)
wish (desear)	**write** (escribir)

Es muy común que el objeto indirecto sea una persona que recibe algo:

John wrote Mary a letter.
Mary lent him some money.

Exercise 1:
Utilice los verbos del cuadro para completar el diálogo: (Tommy le debe a Rick $200.) (Note la forma de los pronombres objetivos—ver Unidad 20.)

- Tommy, here's Rick. You should 1)_____ him his money.
- Hi, Rick! I think I 2)_____ you $200.
- Hi, Tommy. You mean you've got the money!?
- Er, not exactly, Rick. Er, could you 3)_____ me another $100, then that will be $300.
- You're always the same! Can I 4)_____ you a check?
- Gee, thanks, Rick.
- I'm going home to see Mom next week. It's her birthday. Will you 5)_____ her a present with that $100?
- Maybe. Anyway 6)_____ her a happy birthday from me.
- Maybe you could 7)_____ her a birthday card?
- Great idea, Rick. Say, Rick, can I 8)_____ you a question? Could you make that check for $200?

Exercise 2:
Encierre en un círculo el objeto indirecto y subraye el objeto directo en los ocho ejemplos del ejercicio 1.

En inglés el objeto indirecto siempre aparece antes del objeto directo, no importando si aquél se expresa con un sustantivo o un pronombre. La situación es muy distinta en español. Con el pronombre, el objeto indirecto se coloca antes del verbo: *Mary le prestó dinero.* Con el sustantivo, se suele anticipar el objeto indirecto: *John le escribió una carta a Mary.* En relación a esto, con muchos verbos en inglés se puede cambiar el objeto indirecto por una frase con **to** o con **for**. En este caso la frase va después del objeto directo. Las frases en inglés no van entre el verbo y su objeto (ver Unidad 34). Note también que no se anticipa el objeto indirecto:

John wrote a letter to Mary.
Mary is buying a present for John.

Exercise 3:
Ordene las palabras para formar oraciones:

1 me/Mary/a/gave/book/./_____
2 found/I/for/dog/Mary/the/./ _____
3 card/John/we/a/to/sent/./ _____
4 promised/present/they/children/a/the/./_____
5 mother/baked/cake/a/them/./ _____

Estos son ejemplos de verbos donde el objeto indirecto puede sustituirse por una frase con **to** (ver oración 3):

give	lend	offer	owe	promise	read
send	show	tell	throw	write	

Exercise 4:

Escriba de nuevo las siguientes oraciones cambiando la frase con **to** a un objeto indirecto.

1 He offered a lot of money to them.

2 Jane threw the basketball to her brother.

3 Mrs. Green read a poem to her children.

4 We promised a new car to her.

5 The fisherman showed the dolphin to him.

6 The boss sent Christmas cards to us all.

Estos son ejemplos de verbos donde el objeto indirecto puede sustituirse por una frase con **for** (ver oración 4):

bring	buy	cook	find	fetch	leave	make	save

Exercise 5:

Utilizando los elementos indicados, escriba dos oraciones en cada caso, una con y otra sin objeto indirecto.

1 Mrs. Brown   is cooking   dinner   her children
a)_____.
b)_____.

2 The captain   brought   some presents   Jane
a)_____.
b)_____.

3 I   saved   this newspaper   you
a)_____.
b)_____.

4 The dog   fetched   a magazine   its master
a)_____.
b)_____.

Note que los siguientes verbos comunes pueden tener un objeto indirecto pero no una frase con **to** o **for**:

ask   allow   cost   refuse   wish

por lo que **no** se puede decir: *I wish a Merry Christmas to you .*

EL OBJETO INDIRECTO Y LA VOZ PASIVA

Igual que el objeto directo, **el objeto indirecto** puede ser el sujeto en una oración pasiva, algo imposible en español:

We were asked a lot of questions. (Nos preguntaron...)

The children were read a story.   (Les leyeron...)

En general en inglés sería el objeto indirecto el que se tomaría como sujeto de una oración en la voz pasiva. Para más detalles ver Unidad 60.

LAS PREGUNTAS EN INGLÉS

Aquí examinamos los adjetivos y los pronombres interrogativos en inglés y las diferentes preguntas que se pueden hacer con ellos. Para las formas interrogativas en los diferentes tiempos de los verbos ver las unidades respectivas en la sección 6 (Unidades 45 a 56).

I FORMA DE LAS PREGUNTAS

El pronombre o adjetivo interrogativo va en primer lugar, al igual que en español:

> 1) **Who** likes chocolate? 2) **Which team** won the game?
>
> 3) **Who(m)** do you mean? 4) **Where** is East Liverpool?
>
> 5) **Which books** has he taken?

Si la palabra interrogativa representa al **sujeto** (1), o a parte del **sujeto** (2), el orden de las palabras no sufre cambios en relación al orden afirmativo:

> *I like chocolate.* *The Bears won the game.*
>
> *Who likes chocolate?* *Which team won the game?*

Si la palabra interrogativa no es parte del sujeto, se invierte el orden del sujeto y el verbo **be** (4), o del sujeto y el verbo auxiliar (5). Si no hay verbo auxiliar (con los tiempos presente y pasado simples afirmativo), se utiliza el auxiliar **do/does/did** (3):

I	love	**that boy.**
Who(m)	do	you love?
East Liverpool	is	**in Ohio.**
Where	is	East Liverpool?
John	has taken	**my books.**
Which books	has	John taken?

Note que la forma objetiva **whom** (¿a quién?) es bastante formal y al hablar es mucho más común usar **who**.

Las principales diferencias con el español ocurren en las oraciones (3) y (5). El sujeto (nombre o pronombre) aparece entre el verbo auxiliar y las otras partes del verbo, mientras que en español va después de la última parte del verbo: *¿Qué libros ha llevado John?*

II PREGUNTAS CON PREPOSICIÓN

Cuando hay una preposición involucrada en la pregunta, en español ocurre antes del pronombre o adjetivo interrogativo. En inglés muy formal también puede ocurrir en esta posición:

> *With whom did you come?*

Sin embargo, es mucho más común —y hoy en día bastante más aceptable— ubicar la preposición en posición final:

> *Who did you come with?*
>
> *What are you looking at?*
>
> *Where do you come from?* (Ver Unidad 38, III.)

III SIGNIFICADO DE LAS PALABRAS INTERROGATIVAS

Preguntas acerca de las personas: **who?** (¿quién?) **who(m)?** (¿a quién?) **whose?** (¿de quién?)
whose + sust. (¿de quién ?)

Otras preguntas: **what?** (¿qué?) **which?** (¿cuál?) **which + sust** (¿qué?/¿cuál?) **where?** (¿dónde?)
why? (¿por qué?) **when?** (¿cuándo?) **how?** (¿cómo?) **how + adjetivo/adverbio*** (¿qué tan...?) **how
much?** (¿cuánto?) **how many**? (¿cuántos?) **what + sust** (*time, color,* etc.) (¿qué?)

Notas: a) *Pero: **how old?** (¿qué edad?); **how long** (¿cuánto tiempo?).
b) A todas las preguntas formadas por una sola palabra se les puede añadir -**ever** para más énfasis:
Wherever are you going?   Whatever are you doing?

Exercise 1: Relacione las preguntas y las contestaciones.

1) Where is it?
2) What is it?
3) How are you?
4) When is it?
5) Whose hat is that?
6) How much is it?
7) Which one is it?
8) How many are there?
9) How big is it?
10) Why are you late?

a) I'm fine, thanks.
b) It's enormous.
c) It's Mary's.
d) There are four.
e) Because I missed the bus.
f) It's a tarantula.
g) It's on Friday.
h) It's in the box.
i) It's at least 50 dollars.
j) It's the blue one.

Exercise 2: Complete las preguntas.

1 _____ John?	He's three and a half.
2 _____ the party?	It's on Saturday at 7:30.
3 _____ this blouse?	It's $25, miss.
4 _____ you want?	I'd like that one.
5 _____ those cookies?	Because I was hungry.
6 _____ that?	It's Mrs. Smith's dog.

IV HOW + ADJETIVOS Y ADVERBIOS

How se combina con varios adjetivos de tamaño para preguntas sobre medidas. La pregunta general es
How big? pero las posibilidades son casi infinitas.

Ejemplos: *How tall are you? How long is the Nile River? How high is Mount Everest? How deep are these wells?*

También puede combinarse con otros muchos adjetivos:
*How **beautiful** was Helen of Troy? How **good** was Greta Garbo? How **interesting** is that book?*

Nota: La forma del adjetivo es invariable en inglés y por esto no hay diferencia en las palabras interrogativas:
*How **strong** is that boy?*
*How **strong** are those girls?*

De la misma manera se combina con adverbios:
*How **fast** can you run? How **often** (¿qué tan seguido?) do you watch TV? How **emphatically** should I say that?
How **seriously** do you want to learn English? How **far** did you run?*

LAS PREGUNTAS DE CONFIRMACIÓN

I FUNCIÓN

En español, como en varios otros idiomas, existe una expresión (en español, **¿verdad?** o **¿no?**) que funciona en la conversación para pedir confirmación o estimular otra respuesta con cualquier estructura gramatical antecedente. En inglés la situación es bastante menos sencilla. Las diferentes funciones de las preguntas de confirmación son precisamente las mismas que las de la expresión en español, pero la forma de estas preguntas depende de dos factores: el sujeto y la forma del verbo en la oración a que se refieren.

II FORMA

> 1) They **are** very happy, **aren't** they?
> 2) Mary **has** bought a hat, **hasn't** she?
> 3) A crocodile **isn't** an amphibian, **is** it?
> 4) You **haven't** finished, **have** you?
> 5) John **should** buy it, **shouldn't** he?
> 6) The Smiths **live** in Kansas City, **don't** they?
> 7) I went there last year, **didn't** I?

Notas:

a) El orden de la pregunta de confirmación siempre es **verbo > sujeto**.

b) El sujeto de este tipo de pregunta siempre es un pronombre personal. Si el sujeto de la oración es un sustantivo (2,3,5,6) se aplica el pronombre apropiado; si es un pronombre personal, éste se repite (1,4,7). (Ver también Unidad 9, ejercicio 3).

c) Si el verbo auxiliar a que se refiere la pregunta de confirmación es afirmativo (1,2,5,6,7), el verbo auxiliar de la pregunta suele ser negativo; si es negativo el verbo de la oración (3,4), el verbo de la pregunta suele ser afirmativo.

d) Una pregunta en forma negativa espera una respuesta afirmativa; una en forma positiva espera una respuesta negativa:

> This is very good, **isn't** it?

Respuesta esperada: **Yes, it is.**

> They live in New York, **don't** they?

Respuesta esperada: **Yes, they do.**

> This isn't very good, **is** it?

Respuesta esperada: **No, it isn't.**

> They would go, **wouldn't** they?

Respuesta esperada: **Yes, they would.**

e) El verbo **be** se trata como verbo auxiliar (1,3); los verbos modales auxiliares (5) funcionan en las preguntas de confirmación de la misma forma que otros verbos auxiliares; si no hay **be** o un verbo auxiliar (es decir, con verbos en presente o pasado simples), se utiliza el auxiliar **do/does/did** (6,7).

Exercise 1: Relacione las oraciones de la columna A con las preguntas de confirmación de la columna B.

A		B	
	1) These books are very interesting,		a) wasn't it?
	2) You wouldn't do that,		b) shouldn't you?
	3) You should finish your homework,		c) isn't it?
	4) Tom always stays at the Holiday Inn,		d) would you?
	5) That movie was good,		e) did you?
	6) This is a pretty blouse,		f) aren't they?
	7) You didn't see the game,		g) doesn't he?

Exercise 2: Dé la respuesta esperada a cada pregunta del ejercicio 1.

Exercise 3: Complete las oraciones con las preguntas de confirmación correctas.

1 You haven't done your homework, _____ ?
2 We should eat more vegetables, _____ ?
3 You're very lucky, _____ ?
4 John loves chocolate, _____ ?
5 This isn't a tarantula, _____ ?
6 A tarantula can kill you, _____ ?
7 You won't leave without me, _____ ?
8 They aren't going to invite Andy, _____ ?
9 It's a wonderful day, _____ ?
10 Mary went to Egypt last year, _____ ?

Exercise 4: Dé la respuesta esperada a cada pregunta del ejercicio 3.

III OTROS TIPOS DE PREGUNTAS DE CONFIRMACIÓN

Si el sujeto de la oración es un pronombre indefinido con referencia personal (**someone; nobody**, etc.: ver Unidad 22), el pronombre en las preguntas de confirmación es **they**. El verbo de la pregunta concuerda con este sujeto mientras que el verbo de la oración concuerda con el pronombre indefinido:

> **Everyone** has finished, haven't they?
> **Somebody** has eaten my porridge, haven't they?

Las preguntas de confirmación pueden utilizarse con el modo imperativo (ver Unidad 63) y con la sugerencia **let's** + infinitivo. En el primer caso se utilizan las formas **will** o **won't**; en el segundo **shall we**. Las relaciones de afirmativo > negativo y de negativo > afirmativo se mantienen con el imperativo mas no con **let's.**

> Please **be** careful with that, **won't** you?
> **Give** yourself plenty of time, **won't** you?
> **Don't spend** too much money, **will** you?
> Please **don't do** it too quickly, **will** you?
> **Let's have** spaghetti, **shall** we?
> **Let's not go**, **shall** we?

EL VERBO AUXILIAR EN LUGAR DE LA ORACIÓN COMPLETA

Al igual que en español, hay dos tipos de verbo auxiliar en inglés: los que contribuyen a la formación de los diferentes tiempos y formas de los verbos (**be**, **have**, como en español, y **do**) y los verbos auxiliares modales (**can, should, must,** etc.). (Ver Unidades 65 a 67.)

Estos verbos auxiliares se emplean en inglés en una variedad de estructuras que no ocurren en español.

I   RESPUESTAS "CORTAS"

Al responder afirmativamente a la pregunta *Can you swim the backstroke very well?*, se puede decir:

> *Yes.* (pero es muy cortante), o
>
> *Yes, I can swim the backstroke very well.* (pero es largo),

o se puede, y se acostumbra decir:

> *Yes, I can.*

Esta es la llamada "respuesta corta", aunque de hecho es la respuesta normal. Al responder a cualquier forma interrogativa del verbo (cuando las preguntas requieren de respuestas "sí" o "no") se puede utilizar el verbo auxiliar que corresponde al auxiliar de la pregunta, incluyendo los tiempos sin auxiliar (presente y pasado simples) en el afirmativo. El sujeto de la respuesta es el pronombre personal correspondiente (ver Unidad 20):

Ejemplos:

Are you alone?	Yes, **I am.**/No, **I'm not.**
Would they help?	Yes, they **would.**/ No, they **wouldn't.**
Have you finished?	Yes, we **have.**/No, we **haven't.**
Does Tom understand?	Yes, he **does.**/No, he **doesn't.**
Should we go?	Yes, you **should.**/No, you **shouldn't.**

Nota: La diferencia principal es que en español los auxiliares que ayudan a formar tiempos (**be, have, do**) no pueden usarse en esta forma: **¿Has comido? Sí, he.** Por lo contrario, los auxiliares modales sí tienen esta posibilidad: *¿Puedes ir? Sí puedo.*

Exercise 1:   Complete correctamente ambas respuestas en cada caso.

1 Is James American?

Yes, _____.   No, _____.

2 Can Mary come?

Yes, _____.   No, _____.

3 Will you finish soon, Mary?

Yes, _____.   No, _____.

4 Had the children arrived?

Yes, _____.   No, _____.

5 Did the bomb explode?

Yes, _____.   No, _____.

II LAS CLÁUSULAS ABREVIADAS

Los verbos auxiliares se pueden utilizar para evitar la repetición de una cláusula entera, sea ésta una cláusula principal (1 a 3) o una cláusula subordinada (4,5):

> 1) I said I would come and I **have**. (come)
> 2) Tom thought they would lose the game and they **did**. (lose the game)
> 3) Mary expected to arrive on time but she **couldn't**. (arrive on time)
> 4) Jack had wanted to play even though Jim **hadn't**. (wanted to play)
> 5) I will help you if I **can**. (help you)

En el caso de las cláusulas subordinadas, se puede invertir el orden de las cláusulas dejando al verbo auxiliar como anticipo para el sentido completo:

> 4a) *Even though Jim **hadn't**, Jack had wanted to play.*

> 5a) *If I **can**, I will help you.*

Nota: De nuevo, los verbos auxiliares para formar los tiempos (1,2,4,4a) son los que no pueden utilizarse de esta manera en español. Así que la oración (4a) **no** puede traducirse: **Aunque Jim no había, Jack quería jugar,** mientras que la (5a), con verbo auxiliar modal, **sí** se puede traducir:
> *Si puedo, le ayudaré.*

Puede observarse que en la cláusula abreviada, a diferencia de las contestaciones cortas, ni el verbo auxiliar ni su tiempo corresponden necesariamente a la cláusula a que se refieren.

Exercise 2:

Cambie el sentido de las cláusulas del cuadro de arriba según se indica y escriba la oración entera en cada caso.

1 "... y lo haré"
I said _____.
2 "... pero no lo hicieron"
Tom thought _____.
3 "... pero no puede"
Mary expected _____.
4 "... aunque Jim no quería"
Jack wanted _____.
5 "... si tengo que hacerlo"
I will _____.

Nota: Para otros usos comparables ver Unidad 5 (las preguntas de confirmación) y Unidad 7 (So can I, Neither does he).

7 | LOS ADVERBIOS "SO", "TOO", "NEITHER", "EITHER"

Estos cuatro adverbios se combinan con un sujeto y un verbo auxiliar para crear respuestas que equivalen a sujeto + también o sujeto + tampoco:

	"...también"	**"...tampoco"**
(1)	-He's very happy! - **So** is **she**. / **She** is **too**.	-He isn't very happy. - **Neither** is **she**. / **She** isn't **either**.
(2)	-I like New York. - **So** do **I**. / **I** do **too**.	-I don't like onions! - **Neither** do **I**. / **I** don't **either**.
(3)	-We've eaten. - **So** have **we**. / **We** have **too**.	-We haven't eaten. - **Neither** have **we**. / **We** haven't **either**.
(4)	-I can understand this. - **So** can **I**. / **I** can **too**.	-I can't understand this. -**Neither** can **I**. / **I** can't **either**.

Notas:

a) **So** o ...**too** se utilizan para estar de acuerdo con una aseveración afirmativa; **neither** o **either** para estar de acuerdo con una negativa. Los adverbios como **never** dan un sentido negativo a una aseveración técnicamente afirmativa y se usa **neither** o ...**either** para estar de acuerdo con ellos:

I've never seen one.   *Neither have I./I haven't either.*

b) Después de **so** y **neither** se invierten el verbo auxiliar y el sujeto. (Ver cuadro.)

c) Las formas del verbo auxiliar (3), auxiliar modal (4), o **be** (1) en la respuesta reflejan al verbo en la aseveración original. También se puede sustituir **do/does/did** por verbos en presente o pasado simples (2). Estas condiciones también se aplican a **too** y **either**.

d) El verbo siempre va en afirmativo después de **so** y **neither**. Siempre aparece en la forma enfática (sin contracción).

e) Las alternativas con **too** y **either** no involucran la inversión del sujeto y verbo. El verbo antes de **too** siempre es afirmativo; el verbo antes de **either** siempre es negativo. Los verbos aparecen tanto en forma de contracción como enfática.

Exercise 1: Complete correctamente ambas respuestas en cada caso:

1 John hasn't had lunch.

_____ Mary.   Mary _____.

2 I live in San Diego.

_____ I!   I _____!

3 Peter can't swim.

_____ Robert.   Robert _____.

4 He's a Sagittarius.

_____ she.   She _____.

LOS ADVERBIOS "TOO" Y "ENOUGH"

Los adverbios **too** (demasiado) y **enough** (suficientemente) operan en muchos aspectos en forma opuesta. El primero siempre antecede al adjetivo o adverbio a que modifica, mientras que el segundo va después, siendo el único adverbio de grado (ver Unidad 37) en esta posición. **Too** implica un sentido negativo; **enough** un sentido positivo.

Ejemplos: *I can't do this exercise. It's too difficult.*
Ed's very good. In fact, he's good enough to win.

Nota: Enough también se utiliza con sustantivos ubicándose antes de éstos:
I have enough money and enough time.

Exercise 1:

Complete correctamente dos oraciones para cada ejemplo utilizando los adjetivos/adverbios entre paréntesis con **too** y **enough**.

Ejemplo: *I don't want to swim! The water .... (cold/warm).*
    a) *The water's too cold.*
    b) *The water isn't warm enough.*

1 Drive faster! You .... (quickly/slowly).
    a) You _____.
    b) You _____.

2 I can't put this shoe on! It .... (small/big) for me.
    a) It _____.
    b) It _____.

3 This film is for adults. You .... (old/young) to see it.
    a) You _____.
    b) You _____.

4 Take your work more seriously! You ....(seriously/lightly).
    a) You _____.
    b) You _____.

5 I can't reach that shelf. I'm .... (short/tall).
    a) I'm _____.
    b) I'm _____.

Exercise 2:

Too y **enough** se utilizan frecuentemente con una frase infinitiva (ver número 3 arriba):
He's old enough to drive but he's too young to vote.
Complete correctamente cada oración con una frase infinitiva.

1 This food has so much chili that it's (hot/eat) _____.
2 This is a difficult race, but John is (good/win) _____.
3 The handwriting is so tiny that it's (small/read) _____.
4 This car is very expensive! Is Mary (rich/buy) _____ it?
5 That river's dangerous! Are you (brave/cross) _____ it?

THERE IS / THERE ARE

Las expresiones **there is** y **there are** corresponden en función a "hay" en español. En los dos idiomas suelen preferirse a un sujeto con artículo indefinido:

A book is on the table.	**There is** *a book on the table.*
Some books are on the table.	**There are** *some books on the table.*
Un libro está en la mesa.	**Hay** un libro en la mesa.
Unos libros están en la mesa.	**Hay** unos libros en la mesa.

Una diferencia inmediatamente obvia es que en español hay una sola forma mientras que en inglés hay dos, variando según si el sustantivo siguiente es singular o plural.

Exercise 1:

Escriba la forma correcta (**there is** o **there are**) en estas oraciones:

1 _____ nine players on a baseball team.
2 _____ a small town called Calcutta in Ohio.
3 _____ some bread in the kitchen.
4 _____ some cans of soda in the refrigerator.
5 _____ a lot of Koreans living in Los Angeles.

Otra diferencia con el español es que el elemento **there** funciona como **sujeto**. Se invierte con el verbo en la forma interrogativa al igual que cualquier otro sujeto con el verbo **be** (ver oraciones 1 y 2 en el cuadro y Unidad 45) y es este verbo el que recibe la negación (ver oraciones 3 y 4). También aparece en las respuestas cortas (ver oraciones 1a, 1b, 2a, 2b y Unidad 6):

1) **Is there** a doctor in the house?	1a) Yes, **there is**.
	1b) No, **there isn't**.
2) **Are there** any tickets for tonight's game?	2a) Yes, **there are**.
	2b) No, **there aren't**.
3) **There isn't** a flight until 9 o'clock.	
4) **There aren't** enough taxis in New York.	

Exercise 2:

Complete correctamente estas oraciones con las formas del cuadro anterior:

a) 1)_____ a major league team in Salt Lake City?
   Yes, 2)_____. 3)_____ a basketball team.

b) 4) _____ any limes in the refrigerator?
   No, 5)_____. And 6)_____ any salt, and 7)_____ any cans of beer!

c) 8)_____ 29 days in February this year?
   Yes, 9)_____. But 10)_____ always 29.

La estructura puede usarse con cualquier tiempo del verbo **be**. De nuevo se nota que **there** funciona como sujeto, mientras que "hay" y sus variantes funcionan como verbo.
Ejemplos:

> **There would be** more interest if the team were good.
> **There have been** several serious earthquakes here.
> **There won't be** time to eat before the theater.
> **Had there been** any previous signs of instability?
> **Were there** many automobiles in 1900?
> **There wasn't** much interest in soccer 20 years ago.

Al igual que "haber", también puede combinarse **there is/there are** con verbos auxiliares modales (ver Unidades 65 a 67). En español el verbo modal siempre aparece antes de "haber" y "puede haber"; en inglés el verbo modal opera con **there** como cualquier verbo auxiliar: después del sujeto en oraciones afirmativas (1, 2 en el cuadro abajo) y negativas (4) e invertido con el sujeto en oraciones interrogativas (3).

> 1) **There may be** some problem with this car.
> 2) **There must be** more opportunities for minorities.
> 3) **Can there be** a better candidate than this man?
> 4) **There shouldn't be** any problem with your visa.

Es muy común encontrar **there is/there are** en oraciones con los pronombres indefinidos (ver Unidad 22), un fenómeno también característico del español.

> **There's someone** at the door.
> **There was nothing** about it on the news.
> **Is there anything** to eat?
> **There must be something** in this box.

There + verbo auxiliar puede utilizarse en preguntas de confirmación (ver Unidad 5), donde **there** funciona como el pronombre que normalmente ocurre en estas estructuras.

> There isn't any butter, **is there?**
> There have been some changes, **haven't there?**
> There shouldn't be any problem, **should there?**

Exercise 3: Complete las siguientes oraciones con las preguntas de confirmación apropiadas.

1 There'll be a lot of people there, _____?
2 There isn't much lemonade left, _____?
3 There must be an explanation, _____?
4 There weren't many guests at the party, _____?
5 There are ten planets in the solar system, _____?

10 | "IT" COMO SUJETO EXPLÍCITO Y EL "IT" VACÍO

I "IT" COMO SUJETO EXPLÍCITO

En inglés es generalmente necesario tener un sujeto explícito antes del verbo en oraciones afirmativas. Cuando el sujeto es un infinitivo, como parte o no de una frase, (por ejemplo, *to see you*) o una cláusula con **that** (por ejemplo, *that you could come*) éstas pueden ir antes del verbo en teoría. En la práctica, tal como en español, esta construcción es poco común.

En inglés, sin embargo, se tiene que inventar en su lugar un sujeto **it** para ocupar el lugar antes del verbo y anticipar el sujeto verdadero y este **it** no tiene equivalente alguno en español:

> 1) **It**'s good **to see** you.
> 2) **It** might be a good idea **to meet**.
> 3) **It** was great **that** you could come.
> 4) **It** wasn't true **that** he was ill.
> 5) Is **it** obvious **that** we're hungry?

Nota: Como indican los ejemplos, estas estructuras funcionan tanto en el afirmativo (1,2,3), como en el negativo (4) y el interrogativo (5). Una frase o una cláusula como sujeto siempre es singular y entonces la forma **it** que los anticipa es invariable. Con el verbo **be** tenemos la forma:
It + ***be*** + *adjetivo/sustantivo* + *infinitivo/**that** cláusula* (ver Unidad 31).

Exercise 1: Escriba las siguientes oraciones en una forma más natural.

1 To understand you is very easy.

_____.

2 To arrive early would be a good idea.

_____.

3 To meet your friend was a great pleasure.

_____.

4 To have a visa is necessary.

_____.

5 That you couldn't come was a pity.

_____.

6 That Dave will win the race is certain.

_____.

7 That we will ever know the truth is unlikely.

_____.

8 That Jane and Peter didn't meet was surprising.

_____.

La misma estructura puede ocurrir con otros verbos aparte de **be**. En estos casos generalmente no sigue un adjetivo:

> It **takes** me an hour **to get** to work.
> It **will surprise** you **to see** the results.
> It **occurred** to me **that** the man was a fraud.
> It **worried** us **that** Jane came home so late.

También se usa el **it** como sujeto anticipado en otros tipos de cláusula. En el caso de la construcción con **be** y el infinitivo, si se quiere indicar "para quién" se inserta **for** + pronombre objetivo:

It is easy for me to understand you, but it isn't easy for them.

Para **it** con la voz pasiva, ver la Unidad 60 III.

En lugar de una cláusula con **that**, se puede tener una cláusula introducida por otro relativo:

> It doesn't matter **what time** you get here.
> It isn't obvious **how** to do it.
> It was surprising **how many** people came to the party.

II   EL "IT" VACÍO

Aquí el **it** opera como sujeto pero no anticipa un sujeto verdadero. Tiene varios usos muy comunes y este **it** tampoco tiene equivalente en español. **Ejemplos** de sus usos:

Para identificación:	There's someone at the door.
	Who is **it**? I think **it's** the Browns.
Para el tiempo:	It's raining/cloudy/sunny/snowing.
	It's very hot in Arizona in summer.
Para la hora/fechas, etc:	It's three o'clock. What date is **it**?
	It's your birthday!
Para distancias:	How far is **it** to your house?
	It's about a mile. It's 100 miles to Boston.

Notas: **a)** Este **it** no es un pronombre que toma el lugar de algún sustantivo y como se puede ver en el primer ejemplo, puede introducir un sustantivo plural **the Browns**.

b) El **it** vacío se usa generalmente con el verbo **be** pero también puede ocurrir con otros verbos copulativos (ver Unidad 2): *It feels very hot today.   It looks like it's the Browns. It seems to be about another mile.*

Exercise 2:
Relacione las respuestas en la segunda columna con las oraciones apropiadas de la primera.

1) There's someone on the phone for you.	a) Yes, it's only another mile or so.
2) It's getting late!	b) It's 11:24.
3) Are we almost there?	c) It's the President!
4) What's the weather like?	d) Who is it?
5) Who's that?	e) Is it?
6) What's the time?	f) It's beautiful!

11 | LOS ARTÍCULOS: "A (AN)" Y "THE"

Los artículos pertenecen a un grupo gramatical que se llama **determiners** en inglés. Éstas son palabras que pueden aparecer delante de los sustantivos, e incluyen adjetivos posesivos (ver Unidad 20) y pronombres demostrativos (ver Unidad 24) entre otros. Los artículos son los miembros más importantes del grupo.

I FORMA

El artículo definido o determinado en inglés es **the**, la palabra más común en la lengua. Al igual que los adjetivos (ver Unidad 26) y los adjetivos posesivos – en contraste con el español– no varía la forma del artículo definido en relación al sustantivo siguiente, ya sea singular o plural.

Exercise 1: Complete las siguientes oraciones con el artículo definido.

a) From our planet, 1) _____ sun looks as if it is 2) _____ same size as 3) _____ moon, but in reality it is

much bigger.

b) 4) _____ Queen is on 5) _____ right of the picture and 6) _____ King is on 7) _____ left; 8) _____ other men in

9) _____ picture are 10) _____ King's brothers and 11) _____ women are 12) _____ Queen's sisters.

El artículo indefinido o indeterminado es **a** (o **an** delante de una palabra que empieza con un sonido vocal). Se usa **an** delante de palabras que empiezan con una **h** no aspirada (**hour**, **honor**) y **a** con palabras que empiezan con **u** o **eu**, cuando se pronuncian como "y" (ejemplos: **uniform, useful, European**).

Exercise 2: Complete las siguientes oraciones con **a** o **an**.

a) This is 1) _____ easy exercise. Is it 2) _____ useful one?

b) 3) _____ ripe apple fell on Isaac Newton's head and he had 4) _____ important idea!

c) The journey takes 5) _____ hour if you take 6) _____ airplane, but four hours if you go by car.

d) She bought 7) _____ orange dress and 8) _____ yellow coat.

e) The pitcher is wearing 9) _____ uniform which is new, but he is pitching with 10) _____ old ball.

II USO

Es posible utilizar el artículo definido o determinado delante de cualquier tipo de sustantivo común, contable (singular o plural) o no-contable (ver Unidad 17).
Por lo contrario, el artículo indefinido sólo se puede utilizar delante de sustantivos contables en forma singular.

	SUSTANTIVO CONTABLE SING.	SUSTANTIVO CONTABLE PLURAL	SUSTANTIVO NO-CONTABLE
DEF:	**the** car	**the** cars	**the** petroleum
INDEF:	**a** car (**an** egg)	———	———

Nota: Al igual que el artículo indefinido en español, **a/an** es el equivalente de **one**, pero debe evitarse el error de usar **one** en lugar de **a/an**, salvo cuando se quiere enfatizar que nada más hay uno sólo (compare "uno" y "un/una" en español).

La distinción general en el uso de los artículos definido e indefinido es parecida a la distinción en español (sin embargo vea Unidades 13 y 17).

EL ARTÍCULO DEFINIDO se usa cuando:

> a) existe un solo ejemplo: ***the*** sun; ***the*** moon
> b) se sobreentiende a cuál ejemplo se refiere:
>   *May I use **the** car? Have you seen **the** dog?*
> c) se define a cuál ejemplo se refiere:
>   *I'd like **the** yellow dress, please;*
>   *I prefer **the** one in the window.*
> d) se hace referencia a algo ya mencionado:
>   *I saw a man and a woman. **The** man was Mr. Jones,*
>   *but I don't know **the** woman's name.*
> e) se quiere indicar una especie entera de algo:
>   ***The** giraffe lives in Africa.*

EL ARTÍCULO INDEFINIDO se usa cuando:

> a) se refiere a un ejemplo no especificado:
>   *May I have **a** cookie? Would you like **an** apple?*
>   *There was **an** interesting show on TV last night.*
> b) se refiere a una cosa por primera vez:
>   *I saw **a** man and **a** woman. I knew the man, but I*
>   *didn't know the woman.*
> c) se quiere indicar cualquier ejemplo de algo:
>   ***A** crocodile is a reptile.*

Exercise 3:

Complete las oraciones con **a/an** o **the**.

a) Venus is (1)_____ planet. It is very brilliant, but it is not as bright as (2)_____ moon.

b) - Can I use (3)_____ car, Mom?

  - I think you need to get (4)_____ car of your own!

  - That's (5)_____ excellent idea, Mom. Can you give me (6)_____ advance on my allowance?

c) - I met (7)_____ interesting man last night.

  - What did you talk about, darling?

  - Oh, (8)_____ usual things. (9)_____ children mostly.

  - And what did (10) _____ man talk about?

  - Well, he's (11) _____ manager of (12) _____ tennis club somewhere in Florida, and he has

   (13) _____ son who is (14) _____ tennis champion of (15) _____ state. Here's (16) _____ photo

   of them. It's from (17) _____ magazine.

  - It isn't (18) _____ very good picture. Which one's (19) _____ son and which one's (20) _____ father?

12 | LOS ARTÍCULOS (2)

En la Unidad 11 se examinaron los usos generales del artículo definido **the** y del artículo indefinido **a/an**. En esta unidad se tratarán varios usos del artículo indefinido que son distintos al español y el uso de los artículos (en especial del artículo definido) con nombres propios.

I   EL ARTÍCULO INDEFINIDO EN USOS ESPECIALES

Para **ocupaciones y profesiones**, donde en español se omite el artículo.
Ejemplos: *My brother is **a** carpenter and my sister is **an** engineer.*

Exercise 1:   Complete las oraciones en la segunda lista y relacione las oraciones de las dos listas.

1) Mary types letters.	A) He is _____ dentist.
2) John fixes cars.	B) She is _____ actress.
3) Paula flies planes.	C) He is _____ teacher.
4) Bob designs buildings.	D) He is _____ mechanic.
5) Ann acts in movies.	E) She is _____ scientist.
6) Joe works on teeth.	F) She is _____ pilot.
7) Ed works in a classroom.	G) He is _____ architect.
8) Jane works in a lab.	H) She is _____ secretary.

Con expresiones de **tiempo** para indicar **frecuencia**, donde se usa "al" o "por" en español.
Ejemplos: *We go to Brazilia once **a** year.*
          *They play tennis two times **a** month.*

Con expresiones de precio cuando se estipula por qué **cantidad**, y donde en español se usa el artículo definido.
Ejemplos: *It costs two dollars **a** liter.*
          *We only paid 50 cents **a** pound.*

Con expresiones de **rapidez**, donde se utiliza "por" en español.
Ejemplos: *A falcon can fly at about two miles **a** minute.*
          *This train can travel at 300 kilometers **an** hour.*
          (Más formalmente: 300 kph = 300 kilometers **per** hour.)

Exercise 2:   Complete las expresiones en la lista a la derecha y relacione cada una con una de las preguntas.

1) How often?	a) 55 miles _____ hour
(¿Qué tan seguido?)	b) $25 _____ ounce.
2) How fast?	c) three times _____ week.
(¿Qué tan rápido?)	d) 5 pesos _____ meter.
3) How much?	e) once _____ month.
(¿Cuánto cuesta?)	f) 5 cms _____ year.

Con exclamaciones usando la expresión **"What a...!"**

Ejemplo: *What a beautiful day!* ¡Qué día más bello!
What a pity! ¡Qué lástima!

Nota: Si el sujeto es plural, se omite el artículo:
What enormous wings! *What delicious apples!*

Exercise 3:

Complete las expresiones de la derecha y relaciónelas con las oraciones de la izquierda.

1) He's 2.15 m.

2) The weather's great.

3) She's won the lottery.

4) She has a great smile.

5) Everyone got 100%.

a) What _____ lucky girl!

b) What _____ beautiful teeth!

c) What _____ easy test!

d) What _____ tall man!

e) What _____ nice day!

Al hablar de **ciertos números**: **a** hundred; **a** thousand; **a** million; **a** billion.
Ejemplo: *There were more than a hundred people there.* (ver también Unidad 33 III.)

II EL ARTÍCULO DEFINIDO Y LOS NOMBRES PROPIOS

Por lo general, con los nombres propios se suele utilizar u omitir el artículo definido de manera similar al español. (Para la omisión del artículo con nombres comunes, ver Unidad 13.)

NOMBRES DE LUGARES.
Al igual que en español, se suele incluir **the** con: los ríos (*The Ohio [River]*); los océanos (*The Pacific [Ocean]*); las cordilleras (*The Andes*); los desiertos (*The Atacama Desert*); las partes del mundo (*The Middle East*).

De nuevo, como en español, se suele omitir **the** con: los países (*Mexico*), excepto donde se incluye en el nombre popular del país (*the United States*); los continentes: (*Asia*); los estados (*Arizona*); las ciudades (*San Francisco*) e inclusive las que incluyen **city** (*Mexico City*).

Excepciones donde no se incluye el artículo en inglés pero sí en español son: los lagos (*Lake Titicaca*); las calles (*Elm Street.*); los edificios e instituciones cuando incluyen el lugar seguido de la institución (*Penn Central Station; San Antonio Airport; Harvard University; Buckingham Palace*).

Un error bastante común es poner la forma posesiva al nombre de la ciudad en tales combinaciones:
*We will soon be landing at San Antonio's Airport.**
Harvard's University is located in Cambridge, Mass.
(Para más sobre el uso de la forma posesiva, ver Unidad 16.)

Nota: Algunos tipos de institución sí incluyen **the**: los hoteles, aun cuando incluyen los nombres del lugar (*The Palace, The Los Angeles Hilton*); los cines y teatros (*The Odeon; The Adelphi*).

13 | LA OMISIÓN DEL ARTÍCULO

Uno de los errores que más a menudo cometen los hispanoparlantes al hablar inglés es el de incluir indebidamente el artículo definido **the**. En inglés es muy común, y en muchos casos obligatorio, omitir este artículo delante de sustantivos plurales y sustantivos no-contables (ver Unidad 17). Este fenómeno también se da en español (Ejemplos 1a, 2a abajo), pero no cuando el sustantivo actúa como sujeto (Ejemplos 1b, 2b).

Ejemplos:

1a *The ring is made **of gold**.*	El anillo está hecho **de oro**.
b ***Gold** is a valuable metal.*	**El oro** es un metal valioso.
2a *There are **peas** in this soup.*	Hay **chícharos** en esta sopa.
b ***Peas** are nutritious.*	**Los chícharos** son nutritivos.

Nota: Es cuando se utilizan los sustantivos plurales o no-contables en su sentido general –como en los ejemplos arriba– que se omite el artículo en inglés. Cuando se quiere indicar la idea de un número/una cantidad indefinida de algo, se puede incluir **some** o **any** (ver Unidad 14). En 2a en el cuadro, por ejemplo, sería posible poner **some** delante de **peas**, pero no sería posible en los otros ejemplos, porque la única interpretación de ellos es un sentido general.

Exercise 1:

Relacione los sustantivos en el cuadro con las oraciones apropiadas. (Observe que **no** se emplea el artículo.)

love	platinum	kangaroos	computers	stress
paper	football	jealousy	English	women

1 _____ are native to Australia.

2 _____ is a problem for many executives.

3 "_____ conquers everything" is a romantic idea.

4 _____ is one of the world's most important languages.

5 _____ is a more valuable metal than gold.

6 _____ usually live longer than men.

7 _____ have revolutionized the world since the 1950s.

8 _____ is made from trees.

9 _____ is a dangerous emotion.

10 _____ is a very popular sport.

Exercise 2:

Traduzca las oraciones del ejercicio 1, prestando especial atención a la necesidad de artículos en español cuando los sustantivos (todos los sustantivos del cuadro son plurales o no-contables) actúan como sujeto.

Si ocurre un sustantivo plural o no-contable con una modificación después del sustantivo, especialmente con **of**, se puede utilizar el artículo definido:

Ejemplos:

> *The love of God.*
> *The men in the corner.*
> *The young man playing in left field.*

Exercise 3:

Complete las oraciones con **a/an**, **the** u omitiendo el artículo:

1 I would like _____ cup of coffee.

2 I never drink _____ coffee.

3 _____ coffee they make here is excellent.

4 _____ coffee contains _____ caffeine.

Sin embargo, el artículo definido solamente se emplea cuando se refiere a ejemplos específicos (aquellos hombres en el rincón, ¡no hombres que se encuentran en rincones en general!). No se emplea si la modificación crea un nuevo grupo general:

> *Businessmen in their forties often suffer from stress.*
> Se refiere a "hombres de negocios en sus años cuarenta" en general, pero:

> *The businessmen in their forties sat at the front.*
> Se refiere a unos hombres de negocios específicos identificados por estar en sus años cuarenta.

Nota: Si la modificación ocurre antes del sustantivo, no afecta la necesidad de omitir el artículo:

> *True love is rare.*   **El** amor verdadero es raro.
> *Personal computers are useful.*   **Las** computadoras personales son útiles.

CASOS ESPECIALES

Hay ciertos otros grupos de palabras con las cuales se omite el artículo en inglés, mas no en español:

CON LAS COMIDAS: Por lo general se omite el artículo con estos sustantivos (y se usan con poca frecuencia formas verbales como, ***to lunch***, etc.).
Ejemplo: *What do you have for breakfast? / Lunch is at 12:30.*

CON CIERTOS LUGARES (asociados con actividades específicas).
Ejemplos: *Where's John? He's in bed/at work/(gone) to church.*

Las palabras en este grupo incluyen:

prison	bed	class	work	college	school	church

CON LOS TÍTULOS PROFESIONALES: Por lo general se utilizan menos títulos profesionales en inglés que en español.(**Doctor**, **Professor** [a nivel universitario] son los comunes, pero no hay equivalentes cuando se habla de ingenieros, licenciados, maestros, arquitectos, etc.)

Ejemplos: *Doctor Smith is a heart specialist.*
     Do you know Professor Jones?

14 | "SOME" Y "ANY"

Estas dos palabras pueden funcionar como pronombres o determinadores. En algunas situaciones tienen traducción al español y por esto no presentan mayor problema para su uso; en otras, no tienen equivalencia y causan interpretaciones equivocadas.

En general, las dos palabras representan dos caras de la misma idea y escoger una u otra depende del entorno gramatical:

Afirmativo:	We have **some** avocados today. I'd like **some**, please.
Negativo:	We don't have **any** avocados today. I don't want **any**, thank you.
Interrogativo:	Do you have **any** (some) avocados? Would you like **some** (any)?

Notas:
1) Se suele utilizar **any** para el interrogativo, pero si se espera o se quiere animar una contestación afirmativa, se puede utilizar **some** (por ejemplo en ofertas o peticiones: Would you like **some** coffee? Could you lend me **some** money? (ver el Apéndice sobre Estructuras y Funciones)
2) Otras palabras, en particular adverbios de frecuencia (ver Unidad 35) con sentido negativo, son seguidas de **any**: We **never/rarely/hardly ever** have **any** cherries.
3) Una alternativa a **not any** es **no** (ver Unidad 15).

Exercise 1:
Complete el diálogo con **some** o **any**.

- Hello, John. I bought 1)_____ nice wine at the supermarket.
- Great! But I don't suppose you got 2) _____ coffee, did you?
- I looked but they didn't have 3)_____ of the kind we like. But don't worry, we still have
  4) _____ left.
- That's good. But I don't want 5)_____ at the moment.

Cuando **some** y **any** llevan énfasis (y sobre todo cuando hacen un contraste), quieren decir "algo", "algo de" o "algunos" (some), o "nada", "nada de" o "ninguno" (any).
Ejemplos:
> **Some** of the people at the party were French and **some** were German, but I don't think **any** were American.
> I like **some** kinds of cheese, but I don't like **any** other kind of dairy product.
> We have **some** coffee, but not very much, and we don't have **any** tea at all.

Nota: Un uso distinto de **any**, con el sentido de "cualquier", ocurre en oraciones positivas con un sustantivo contable singular:
> **Any** kind will be OK. You can have **any** present.

El uso más común de **some** y **any**, sin embargo, suele ocurrir en situaciones donde probablemente no tendrían traducción alguna en español: delante de sustantivos contables en plural o sustantivos no-contables, cuando se refieren a una cantidad indefinida, y donde funcionan virtualmente como artículos. El diálogo en el cuadro ejemplifica esto:

- I'm thirsty!	- ¡Tengo sed!
- Would you like **some** tea?	- ¿Quieres té?
- Do we have **any** coffee?	- ¿Tenemos café?
- Yes, of course.	- Claro que sí.
- And are there **any** cookies?	- ¿Y hay galletas?
- Sorry. I don't think we have **any**. But there are **some** doughnuts.	- Lo siento, creo que no tenemos. Pero hay donas.

La distinción entre **some** o **any** y omitir el artículo por completo (ver Unidad 13) no es muy definida. Se suele omitir el artículo cuando se refiere a algo en general y no a una cantidad indefinida (por esto, se podría decir en la segunda pregunta del cuadro **Do we have coffee?** sin el **any** porque la pregunta parece constrastar la idea de "té" y "café" en general).

Casi siempre se incluye **some** o **any** con la expresión **there is/there are** (ver Unidad 9) si no hay otra indicación más precisa de cantidad.

Exercise 2:

Complete las oraciones con **some** o **any**.

1 There's _____ milk in the refrigerator.
2 Do we have _____ onions?
3 There aren't _____ cups on the table.
4 Would you like _____ lemonade?
5 I bought _____ eggs at the store.
6 Could you lend me _____ butter, please?

Exercise 3:

Decida si es apropiado usar **some** o **any** u omitir el artículo totalmente y complete las oraciones.

1 We don't have _____ salt on the table.
2 I would love _____ tea.
3 I like _____ cats, but I don't like _____ dogs.
4 Could you give me _____ water, please?
5 _____ water consists of _____ hydrogen and _____ oxygen.
6 There hasn't been _____ rain for weeks!
7 They found _____ gold coins in the tomb.
8 _____ gold has been used for money for thousands of years.
9 I'm sorry but I don't have _____ money.
10 There weren't _____ pictures in the gallery but there were _____ interesting sculptures made of _____ wood.

15 | OTROS DETERMINANTES Y PREDETERMINANTES

En la gramática inglesa se llaman **determinantes** las palabras que pueden empezar el grupo nominativo (sustantivo o adjetivo + sustantivo). Los más comunes de los determinantes son los artículos definido e indefinido (ver Unidad 11) o el llamado artículo cero, es decir el artículo omitido (ver Unidad 13). Otros incluyen **some** y **any** (ver Unidad 14), adjetivos posesivos (ver Unidad 20) y demostrativos (ver Unidad 24).

Por lo general, no se puede tener más de un determinante en un grupo nominativo. Por ejemplo, no se puede decir *the my books*.

Exercise 1:

Ordene las palabras para formar grupos nominativos con el determinante al principio (recuerde el artículo cero).

1 and/old/the/men/women

_____ .

2 bicycle/my/red/new

_____ .

3 people/some/unusual/very

_____ .

4 fresh/vegetables/green

_____ .

5 but/an/question/difficult/interesting

_____ .

Este cuadro indica los determinantes principales, incluyendo los predeterminantes:

artículos:	a(an), the
adjetivos posesivos:	my, you, his, her, its, our, their
sustantivos posesivos:	John's, Mrs. Smith's
adjetivos demostrativos:	this, that, these, those
cuantificadores:	much, many, more, most, little, less, least, few, fewer, fewest, several, some, any, no
palabras interrogativas:	what, which, whose, whatever, whichever
los números:	one, two, three, (but not hundred, thousand, million, etc.)
otros	another, each, every, either, neither, enough
predeterminantes:	all, both, half

Con la excepción de los artículos, los adjetivos posesivos, **no** y **every**, todos los **determinantes** también pueden funcionar como pronombres. Como pronombres (y seguidos de **of**), varios de ellos pueden combinarse con otros **determinantes**: *many of my friends*; *each of these students*; *either of the days*. (Pero vea los predeterminantes en seguida.)

EACH y EVERY

Significan los dos "cada uno", pero el primero da más la idea de cada uno por separado, mientras que **every** tiene más la idea de "todos". Sin embargo, como **determinantes**, los dos van seguidos de un sustantivo contable singular (ver Unidad 17) o de **one**. Sólo **each** puede operar como **pronombre**.

Ejemplo: *Each of the boys scored 5 points,* pero no **Every of the boys** (debería ser: *All of the boys...*)

Nota: Every se combina con **one** para formar el pronombre indefinido (ver Unidad 22) **everyone**.
Each forma parte del pronombre recíproco **each other** (ver Unidad 21).

EITHER y NEITHER

Se refieren a dos cosas o personas. Como determinantes, el primero significa "cualquiera de los dos"; el segundo, "ninguno de los dos".

Ejemplos: *Neither boxer was very good and the fight was very boring.*
This is an exciting fight and either boxer could win.

Nota: No se emplea el doble negativo en inglés y después de un negativo se emplea **either** en lugar de **neither**:
I don't think either boxer will reach the Olympic final.

ANOTHER

Siempre se escribe como una sola palabra. Significa "otro" en dos sentidos: "adicional" (*Have another drink!*) y "distinto" (*He loved Mary but he married another woman*). **Another** incluye el artículo indefinido **an** y no puede usarse con sustantivos plurales. Para la idea de "otros" se utiliza la palabra **other**. **No** como **determinante** puede usarse delante de todos tipos de sustantivo (contables, singular o plural y no-contables): *We waited but no train came. Sorry, we have no bananas. There's no butter on the table.* Significa "ningún" y, en este sentido, no funciona como pronombre. La forma equivalente para el pronombre es **none** ("ninguno"). Delante de sustantivos plurales o no-contables **no** es una alternativa a **not any** (ver Unidad 14).

ALL, BOTH, HALF

Son palabras distintas a otras en la lengua inglesa por ser predeterminantes: es decir, pueden anteceder a otros determinantes como **the** y a los adjetivos posesivos, sin la necesidad de la palabra **of**:
All my/the brothers are doctors. (más de dos)
Both my/the brothers are doctors. (los dos)
Half my/the family are doctors.

La palabra que generalmente se considera como equivalente de **both** en español es "ambos", pero esta palabra no puede combinarse en la misma forma que **both** en inglés.

Como determinante **half** funciona muy distintamente a "mitad", la cual no puede tener esta función en español.

Las tres también pueden funcionar como pronombres con **of**:
All/Both/Half of the men left.

Nota: Todos los **determinantes** tienen que seguirse de **of** delante de un pronombre personal:
Both of them; some of us; half of it; each of you.

16 LOS SUSTANTIVOS: FORMAS PLURALES Y POSESIVAS

Hay dos categorías de sustantivos en inglés: **comunes y propios**.

Los propios se refieren a individuos, países, ciudades, títulos, etc. y se escriben con mayúscula.
Ejemplos: *Pablo Picasso, Brazil, Monterrey, Miami Vice.*

Nota:

a) En inglés los días de la semana: **Monday, Tuesday, Wednesday, Thursday, Friday, Saturday, Sunday** y los meses del año: **January, February, March, April, May, June, July, August, September, October, November, December** se consideran como nombres propios y se escriben con mayúscula.

b) Los sustantivos comunes no se escriben con mayúscula.
Ejemplos: book, woman, taxi, money, health, happiness.

c) A su vez, los sustantivos comunes pueden dividirse en contables (**book, woman, taxi...**) y no-contables (**money, health, happiness...**). Esta división tiene gran importancia gramatical (ver Unidad 17).

I LA FORMACIÓN DEL PLURAL

a) Generalmente los sustantivos forman el plural añadiendo **-s** al singular: **books, flags, schools, houses, windows.**

b) A los sustantivos con terminación en los siguientes sonidos se añade **-es**:
-s, -z, -x, -ch, -sh: glasses, quizzes, boxes, sandwiches, bushes.

c) A algunos sustantivos con terminación en **-o** se añade **-es: tomatoes, potatoes, heroes, mosquitoes** pero: **pianos, radios, zoos, shampoos, avocados.**

d) En los sustantivos con terminación en **-y** (después de una consonante) se cambia la **-y** por **-i** y se añade **-es: babies, ladies, countries, cities,** pero: **days, monkeys, boys, guys.**

e) En la mayoría de los sustantivos con terminación en **-f** o **-fe** se cambia esta terminación por **-ves: wives, lives, thieves, shelves, knives, halves.**

f) Los siguientes son los sustantivos más comunes que forman su plural de manera irregular:
man/men, woman/women, child/children, foot/feet, tooth/teeth, mouse/mice.
Nota: La forma normal plural de **person** es **people.**

g) Algunos sustantivos tienen la misma forma para singular y plural: **sheep/sheep, deer/deer, fish/fish, series/series, species/species.**

Exercise 1:

Escriba los nombres de las frutas y las legumbres en su forma plural.

FRUITS	VEGETABLES
melon _____	potato _____
banana _____	carrot _____
strawberry _____	radish _____
cherry _____	onion _____
peach _____	tomato _____

Exercise 2:

Encuentre las formas plurales.

1 Mickey and Minnie are famous ...
2 Some insomniacs count ...
3 There are many ... in the ocean!
4 A soccer match has two ...
5 Bambi and his friends are ...
6 "Dallas" was a popular TV ...
7 ... are female adult humans
8 ... are male adult humans
9 ... are juvenile humans of both sexes

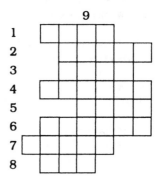

Nota: No se pueden incluir personas femeninas en un sustantivo plural masculino:
mis padres: *my mother and father*; los Reyes Católicos: *King Ferdinand and Queen Isabella*.

II   LA FORMA POSESIVA

La forma posesiva (genitivo Anglosajón) se emplea generalmente con sustantivos refiriéndose a personas y animales. Excepciones son expresiones de tiempo (*a week's holiday; six months' work*) entidades políticas (*Mexico's ports*), y planetas (*Pluto's orbit*). La siguiente tabla muestra su formación:

	POSEEDOR SINGULAR	POSEEDOR PLURAL
PROPIO	Mr. Brown's friends	The Browns' children
COMUN	The horse's tail	The horses' tails
IRREG	That child's name	The children's school

Notas:

a) La posición del apóstrofe depende de si el "poseedor" es singular o plural y es independiente de lo "poseído".

b) El apellido puede pluralizarse en inglés:
Los Smith viven en Nueva York.
The Smiths live in New York.

Exercise 3:

Escriba las siguientes oraciones con sus respectivos apóstrofes.

1 Mr. Grays brother manages a store which sells mens clothes.
2 The Smiths children often visit the Grays house.
3 The childrens names are Mike and Jennifer.
4 Mikes favorite sport is baseball, which is Americas national game.
5 Mikes sister is on a girls softball team and Mrs Smith plays on a womens team.

17 | LOS SUSTANTIVOS CONTABLES Y LOS NO-CONTABLES

I LOS SUSTANTIVOS CONTABLES

Estos son los sustantivos que ocurren tanto en singular como en plural. Ejemplos serían: **house/houses, book/books, woman/women, egg/eggs, hat/hats.**

Solamente los sustantivos contables pueden ir precedidos por el artículo **a (an)** (ver Unidad 11) y no pueden ir solos en su forma singular (hay varias otras opciones al artículo indefinido, incluyendo los números: *one, two,* etc.):

> *I'd like **a** sandwich.*   pero no   **I'd like sandwich.**
> ***A** game lasts **an** hour.*   pero no   **Game lasts hour.**

Por lo contrario, la forma plural sí ocurre sin artículo aún como sujeto, a diferencia del español:

> *Women are good at running long distances* (es decir, las mujeres en general).
> *Books make good presents* (los libros en general).

Exercise 1:   Relacione las dos columnas para formar oraciones apropiadas.

1 Crocodiles are	a a bird.	1_____.
2 Elephants are	b insects.	2_____.
3 Mosquitoes are	c a fish.	3_____.
4 A cuckoo is	d mammals.	4_____.
5 A frog is	e reptiles.	5_____.
6 A shark is	f an amphibian.	6_____.

II LOS SUSTANTIVOS NO-CONTABLES

Los sustantivos no-contables incluyen los abstractos (**freedom, love, smoking, happiness**) y ciertos sustantivos concretos considerados en su sentido general (**cocoa, uranium, oxygen, paper, water**).

Al igual que en español, estos sustantivos no ocurren en el plural ni con el artículo indefinido (**a/an**):

> *Happiness is important.*

pero no   **A happiness is important.** ni **Happinesses are important.**

A diferencia del español, suelen ocurrir sin artículo como sujeto de la oración:

> *Democracy is an important concept.*
> *Water is necessary for life.*

Exercise 2:   Relacione las dos columnas para formar oraciones apropiadas.

1 Gold	a is an illness.	1_____
2 Oxygen	b is a liquid.	2_____
3 Liberty	c is a metal.	3_____
4 Pneumonia	d is a concept.	4_____
5 Water	e is a gas.	5_____

Exercise 3:

Traduzca las cinco oraciones anteriores al español.

Hay varias terminaciones que indican que un sustantivo puede ser abstracto y por lo tanto no-contable.

Exercise 4:

Con las siguientes palabras forme nueve pares según sus terminaciones.

sadness	anthropology	dependency		suffrage
inertia	smoking	meteorology	parity	equity
convenience	ignorance	amnesia	benevolence	
kindness	swimming	courage	vigilance	jealousy

_____ / _____   _____ / _____   _____/
_____   _____ / _____   _____ / _____
_____ / _____   _____ / _____
_____ / _____   _____ / _____

Hay bastantes sustantivos que ocurren tanto como contables así como no-contables. Generalmente tienen significados distintos en ambos casos.

Exercise 5:

Decida si las palabras en **negritas** se utilizan como sustantivos contables **(C)** o no-contables **(NC)**.

_____ 1 **Paper** was invented in China.

_____ 2 There's a **paper** on my desk.

_____ 3 There's one **work**, *Guernica*, by Picasso that I really like.

_____ 4 **Work** takes up several hours of every day.

_____ 5 **Experience** is a requirement for the position.

_____ 6 We had an **experience** I will never forget.

_____ 7 This is a **wine** I like very much.

_____ 8 **Wine** is produced in several parts of the U. S. A.

Una manera de hacer contables los sustantivos no contables es añadiendo una palabra que indique "cierta cantidad de".

Ejemplos:

No-contable	Contable
bread	a **loaf**/two **loaves** of bread
butter	a **pound** of butter

En estos ejemplos lo que es contable son los **loaves** y los **pounds**.

Exercise 6:

Utilice las palabras de abajo con los sustantivos no-contables. Adapte las palabras cuando sea necesario.

loaf	quart	tube	can	bar	barrel

a) A 1) _____ of milk; two 2) _____ of bread; and six 3) _____ of coke, please. Oh, and a 4) _____ of toothpaste.

b) You can buy a lot of 5) _____ of oil with a 6) _____ of gold.

18 | LOS SUSTANTIVOS VERBALES

Mientras que en español el infinitivo es el que funciona como sustantivo verbal *(Partir es morir un poco)*, la forma más común en inglés es la terminación **-ing**, especialmente como sujeto. En muchos casos, la traducción al español es a través de una palabra distinta al infinitivo (ver el segundo ejemplo de abajo).

> ***Smoking*** *is dangerous to your health.*
> ***Swimming*** *is a popular form of recreation.*

Igual que en español, el verbo aparece en forma singular a menos que el sujeto consista de dos o más sustantivos: *Swimming and cycling are both good forms of exercise.*

Exercise 1:

Relacione el contenido de las dos listas para crear oraciones completas.

A	B
1 Running	a makes you fat.
2 Shouting	b is more fun than working.
3 Fishing	c is good exercise.
4 Overeating	d is a popular hobby.
5 Playing	e can be impolite.

En muchas ocasiones el sustantivo es la parte principal (cabeza) de una frase nominativa:

> *Smoking **cigarettes** is permitted in rows 21 to 24.*
> *Shouting **in libraries** is unacceptable.*
> ***Deep-sea** fishing is an expensive hobby.*
> ***Habitual** overeating is quite common in rich countries.*
> *Playing **cards for money** is not allowed in some places.*

Exercise 2:

Escriba cinco oraciones semejantes a las anteriores, cambiando las partes en negritas por palabras o frases apropiadas de las palabras de abajo y añadiendo un complemento apropiado.

occasional   **cigars**   **in the playground**   **baseball**   **commercial**

1 _____.
2 _____.
3 _____.
4 _____.
5 _____.

En lenguaje bastante formal, se puede utilizar el infinitivo como sujeto. Recuerde la famosa frase del príncipe Hamlet: *"To be or not to be, that is the question"*.

La forma del sustantivo verbal después de una preposición siempre es con **-ing**. De nuevo esto representa un contraste con el español, donde se emplea el infinitivo.

Exercise 3: Modifique el verbo correcto del cuadro para cada oración.

run	eat	say	exercise	play	quit

1 Please wash your hands before _____.
2 Get fit by _____ regularly!
3 After _____ a marathon most competitors are exhausted.
4 He caught a cold from _____ in the rain.
5 Don't go without _____ goodbye!
6 I'm thinking about _____ my job.

Es conveniente tratar aquí el caso de la forma **-ing** como objeto de ciertos verbos. En español, esta forma es siempre el infinitivo: *No me gusta cantar. Quiero ir. Debo pagar.* En estos tres casos las formas del infinitivo en inglés son distintas:

> *I dislike **singing**.*
> *I want **to go**.*
> *I must **pay**.* (forma después de verbos auxiliares modales)

No hay reglas para saber cuáles son los verbos seguidos de la forma **-ing** (excepto decir que la forma que sigue a los verbos de dos palabras, **put off, give up**, etc. siempre es con **-ing** (ver Unidad 68) y es necesario aprenderlos con la práctica). Sigue una lista de los más comunes:

admit avoid consider deny detest dislike
enjoy finish can't help imagine mention mind
postpone practice resist risk suggest

Exercise 4: Complete las oraciones adaptando los verbos.

1 The thief admitted _____ the jewels. **(steal)**
2 I can't imagine _____ the lottery. **(win)**
3 We enjoy _____ to parties. **(go)**
4 Because of the weather we postponed _____ home. **(leave)**
5 He was injured but he decided to risk _____ **(play)**
6 They must practice _____ their song for the contest. **(sing)**
7 After a bad experience, we avoided _____ him. **(meet)**
8 John suggested _____ a taxi to the playhouse. **(take)**

19 | LOS SUSTANTIVOS COMO MODIFICADORES

Una característica de muchos de los sustantivos en inglés es que pueden utilizarse como modificadores de otros sustantivos.

La traducción al español del grupo sustantivo + sustantivo suele hacerse con una frase: sust + de/para, etc. + sust, aunque en ocasiones se hace con sustantivo + adjetivo.

Ejemplos: *a coffee cup* una taza para café
history books libros de historia
a savings bank un banco de ahorro

Exercise 1:

Combine los elementos de los dos grupos para formar frases consistentes en **modificador + sustantivo**. Incluya un artículo indefinido (**a/an**) donde sea necesario. (En algunos casos hay distintas posibilidades.)

1) economics	2) silk	a) number	b) addicts
3) oil	4) newspaper	c) napkins	d) blouse
5) drug	6) guitar	e) pilots	f) letters
7) real estate	8) table	g) car	h) concert
9) sports	10) airline	i) agent	j) article
11) telephone	12) love	k) painting	l) textbook

1) _____   2) _____   3) _____
4) _____   5) _____   6) _____
7) _____   8) _____   9) _____
10) _____   11) _____   12) _____

Como puede observarse en los ejemplos, el modificador aparece **antes** del sustantivo que modifica y su forma **no cambia** según si el sustantivo siguiente es singular o plural. Estas características son iguales para los adjetivos descriptivos (ver Unidad 26). En otros aspectos estos modificadores no se parecen a los adjetivos: no ocurren en las formas comparativa o superlativa (ver Unidades 27 y 28) y no aparecen en la posición de predicado:

An interesting article = The article is interesting.
A newspaper article pero no * *The article is newspaper.**

Exercise 2:

Escriba sustantivos con modificadores basados en las siguientes descripciones.

1 A soup made of vegetables   _____
2 Keys used to start cars   _____
3 Books to be used for reference   _____
4 A person addicted to television   _____
5 Cups for tea   _____

Es importante recordar que el sustantivo principal (la cabeza) viene al final:

a dog house es un tipo de **house** (para un perro),
a house dog es un tipo de **dog** (que habita una casa).

Exercise 3:
Complete el siguiente diálogo poniendo en el orden correcto los sustantivos en paréntesis.

- Would you like some coffee, Mary?
- Sure, Joe. Do you have any clean (**1-cups/coffee**)?
- No, but you can use my (**2-mug/beer**) if you like.
- And what about milk? This (**3-milk/carton**) is empty.
  And there's no sugar in the (**4-bowl/sugar**)!
- I think there's some on the (**5-dining room/table**).
- Maybe we'd better go to the (**6-shop/coffee**)!
- Great idea! I'll get my (**7-tennis/shoes**) and my (**8-jacket/baseball**).

Hay ciertas combinaciones de sustantivos que llegan a ser tan aceptados que se escriben con guión o, más generalmente, como una sola palabra, sobre todo cuando las dos palabras son cortas.

Ejemplos: *drugstore, bookcase, girlfriend*

Exercise 4:
Utilice los sustantivos adecuados en las siguientes ideas. Incluya **a/an** donde sea necesario.

1 A store where you can buy books is _____.

2 Dreams that you have during the day are _____.

3 The tops of trees are _____.

4 The nails at the ends of your fingers are _____.

5 A coat that you wear in the rain is _____.

Para expresar medidas es muy común usar la estructura **número-sustantivo + sustantivo**. El sustantivo modificador retiene su forma inalterable en estos casos también.

Ejemplos: *a two-pound can of coffee*
two fifty-cent bars of chocolate
a twenty-gallon container
a three-inch cut

Exercise 5:
Una correctamente las expresiones de las dos columnas siguientes.

1) a seven-foot	a) arc
2) some six-inch	b) periods
3) two quarter-pound	c) engine
4) a two-week	d) nails
5) a three-liter	e) plots of land
6) several hundred-acre	f) vacation
7) a 320-degree	g) hamburgers
8) four fifteen-minute	h) giant

20 | LOS PRONOMBRES PERSONALES

I FORMA

PRONOMBRES			ADJETIVOS
PERSONALES	OBJETIVOS	POSESIVOS	POSESIVOS
I	me	mine	my
you	you	yours	your
he	him	his	his
she	her	hers	her
it	it	—	its
we	us	ours	our
you	you	yours	your
they	them	theirs	their

II USO

Los pronombres aparecen en lugar del nombre (sustantivo) o de una frase nominal. Se utilizan cuando no se quiere repetir el nombre por ser éste muy obvio. En posición de sujeto tienen la forma nominativa (primera columna); y en posición de objeto, por ejemplo después de una preposición, o como objeto directo (ver Unidades 1 y 2), tienen la forma objetiva (segunda columna). Los pronombres de sujeto causan dificultades para los hispanoparlantes, precisamente porque en inglés no se pueden omitir.

Ejemplos: *We went to the movies.*   Fuimos al cine.
                 I heard it but I didn't see it.   Lo oí pero no lo vi.

Los pronombres objetivos pueden causar dificultades por su posición cuando representan al objeto directo o al indirecto (ver Unidades 2 y 3). En inglés aparecen en la misma posición que el sustantivo y no antes del verbo como en español.

Ejemplos: *I heard **it** but I didn't see **it**.* (directo)
                 Lo oí pero no **lo** vi.
                 *We gave **him** a present.* (indirecto)
                 Le hicimos un regalo.

Nota: No confunda el adjetivo posesivo **its** con la contracción **it's** (**it is**). Los pronombres en el cuadro nunca llevan el apóstrofe que indica la forma posesiva.

Exercise 1:
Complete las oraciones escogiendo entre los pronombres indicados en cada caso.

a) (**I, me, I**) 1) _____ like sweets but 2) _____ don't like chocolate because it gives 3) _____ a headache.

b) (**she, she, her**) Then Jane arrived. When I saw 4) _____ I shouted, and 5) _____ waved to me before 6) _____ got into her car.

42

c) (**they, them, them**) We expected to meet the Smiths at the theater but 7)_____ took a taxi and so we arrived after 8)_____ and we didn't see 9)_____ until after the show.

Exercise 2: Ordene las siguientes palabras para crear oraciones.

1 on/I/table/it/the/put/./_____
2 we/us/them/with/took/./_____
3 you/yesterday/saw/they/./ _____
4 us/she/helped/./_____
5 must/it/you/eat/!/_____
6 and/him/I/help/she/will/./_____

Cuando el pronombre representa una frase nominal posesiva, **sustantivo posesivo + lo poseído** utilizamos los pronombres posesivos (tercera columna). Si representa únicamente al sustantivo posesivo, utilizamos los adjetivos posesivos (cuarta columna). En ambos casos responden a la pregunta **Whose...?**

Ejemplos: That's **Jane's** book.   That's **hers**.
                          That's **Jane's** book.   That's **her** book.

Nota: Las formas de los pronombres y adjetivos posesivos son invariables y dependen **no** de si lo poseído es singular o plural sino del poseedor:
                          This is her book.   These are her books.
                          This book is hers.   These books are hers.

Exercise 3: Complete los siguientes diálogos con los pronombres y adjetivos posesivos de abajo.

my   mine   your   yours

a) - I have finished 1) _____ picture. Have you finished 2) _____?
   - Yes, I have. Can I have a look?
   - You show me 3) _____ picture and I'll show you 4) _____.

his   his   her   hers   their   theirs

b) - Did the children eat 5) _____ dinners?
   - Well, Susan ate 6) _____ and Tom ate 7) _____.
   - But what about Peter and Mary?
   - No, they didn't want 8)_____. Peter finally ate some of 9) _____ , but Mary didn't touch 10) _____.

Exercise 4: Escoja las palabras apropiadas del cuadro en la sección I para completar las oraciones abajo señaladas.

When the Smiths arrived, 1) _____ took off 2) _____ wet shoes and put 3) _____ beside the door. Mrs. Smith said 4) _____ would like a cup of coffee and Mr. Smith said 5) _____ would make 6) _____. 7) _____ went into the kitchen, taking 8) _____ book with 9) _____, and Mrs. Smith began to read 10) _____ in the living room.

21 LOS PRONOMBRES REFLEXIVOS

I FORMA

Los pronombres reflexivos (y los enfáticos) se forman añadiendo **-self**, para formas singulares, o **-selves**, para formas plurales, a los adjetivos posesivos **my, your, our** y a los pronombres objetivos **him, her, it** y **them**.

I	**myself**	we	**ourselves**
you	**yourself**	you	**yourselves**
he	**himself**		
she	**herself**	they	**themselves**
it	**itself**		

II USO

Los pronombres reflexivos se utilizan como en español cuando el sujeto y el objeto se refieren a la(s) misma(s) persona(s):

Me lastimé. **I** hurt **myself.** *Se cortó.* **She** cut **herself.**

Sin embargo, cabe notar que los pronombres reflexivos se utilizan en inglés con mucho menos frecuencia que en español.

Exercise 1: Complete la siguiente conversación con pronombres reflexivos apropiados.

- Hello, Mary! Are you enjoying 1)_____?
- Yes, thanks. It's a good party, Bill. May I help 2) _____ to some wine?
- Of course! By the way, what happened to John?
- Oh, he hurt 3)_____ in a car accident so he's walking on crutches.
- Really? Was anyone else in the car?
- Yes. But nothing happened, except the children cut 4)_____ picking up broken glass.
- What a pity! Oh, here are Jack and Diane. Hi! Help 5)_____ to food and drink!
- Don't worry, Bill. We can take care of 6)_____.
- Good. Well Martha and Dave are having a good time!
- Yes, they're really enjoying 7)_____! They dance very well.
- And Martha knows it! She keeps watching 8)_____ in the mirror!

Notas: a) No confunda el reflexivo **themselves** con los pronombres recíprocos: **each other** (o **one another**):
The children cut themselves picking up broken glass.
The children started fighting and hurt each other.
b) Los pronombres **enfáticos** no suelen aparecer inmediatamente después del verbo como los reflexivos. Su función es enfatizar la cosa o persona a que se refieren:
You children have to do it by yourselves (sin ayuda).
I hated the movie itself (en sí) *but the actors were OK.*

44

22 LOS PRONOMBRES INDEFINIDOS

I PERSONAS Y COSAS INDEFINIDAS

Estos pronombres consisten en las siguientes formas compuestas. Las primeras dos columnas **se refieren a** personas (y son prácticamente sinónimos), la última a cosas:

	-body	**-one**	**-thing**
every-	everybody	everyone	everything
some-	somebody	someone	something
no-	nobody	no one	nothing
any-	anybody	anyone	anything

every- todos/todo; **some-** alguien/algo
no- nadie/nada; **any-** cualquier (cosa)
También se usa **any** en preguntas y después de negativos.

Todos estos pronombres toman un verbo singular:

Is everything ready? (**Nótese:** *everything* no *all*.)   *No one goes there these days.*

Sin embargo, es normal utilizar un pronombre con forma plural para referirse a las combinaciones con **-body/-one** —sobre todo cuando no se sabe el sexo de la(s) persona(s).
Ejemplos: *Can everyone please bring **their** books here?*
 *Somebody rang the doorbell but I didn't see **them**.*

Exercise 1: Escoja el pronombre indefinido apropiado.

a) The party's finished. 1)_____'s here. 2)_____'s gone home.

b) I've read 3)_____ about this but I don't understand 4)_____.

c) I thought I heard 5)_____ Did you hear 6)_____?

d) Did 7)_____ phone? No. 8)_____.

II ONE/ONES

El pronombre **one** se utiliza para no repetir un sustantivo precedido por **a/an**:
-*Have a cup of coffee!* -*Thanks, I'd love one.*
-*I'm looking for a nice dress, but I can't find one.*
Hay otro uso de **one/ones** muy distinto al español: precedido de un adjetivo, un adjetivo interrogativo o un demostrativo.
En inglés el adjetivo no funciona como sustantivo (por ejemplo: Me gusta el grande   *I like the big one*), excepto por un uso especial (ver Unidad 26, IV).
- *What kind of sweater would you like, sir?*
- *I'd like a **red one**.*
- *We have several **red ones**, sir. **Which one** do you prefer?*
- ***This one** is very nice. How much is it?*
- *Fifty dollars, sir.*
- *That's very expensive! Do you have any **cheaper ones**?*
- *Yes, sir. **This one** is only thirty dollars.*
- *No, I don't like it. What about **that one**?*
- ***That one** is very nice, sir, but it's $75.*

Exercise 2: Traduzca el diálogo anterior.

23 | LOS PRONOMBRES RELATIVOS

I   FORMA

Los pronombres relativos introducen cláusulas adjetivas. Su forma depende de si se refieren a personas o a cosas. A diferencia del español, no varían según si su referente es singular o plural.

REFERENTE	RELATIVO	FUNCION	EJEMPLOS
persona(s)	who (that)	sujeto	He's the man **who** won the lottery.
	that (whom)	objeto	They are the men **that** we met last week.
	whose	posesivo	She is the woman **whose** daughter married John.
cosa(s)	which/that	sujeto	This is the picture **which** was stolen.
	which/that	objeto	This is a picture **that** I painted.

Notas: a) Los pronombres en paréntesis son formas posibles.
   b) No se puede utilizar **that** como relativo después de una preposición.
   That's the woman from whom we bought the house.
   This is the company on which he based his fortune.

II   USO

Las cláusulas relativas ofrecen una manera de combinar dos ideas en una oración. Los cinco ejemplos del cuadro representan las combinaciones abajo. Note que en los ejemplos (1), (3) y (4) el sujeto de las dos oraciones es el mismo. En los ejemplos (2) y (5) los relativos se refieren al objeto de la segunda oración.

1) *He is the man. He won the lottery.* **(who)**
2) *He is the man. We met him last week.* **(that/whom)**
3) *She is the woman. Her daughter married John.* **(whose)**
4) *This is the picture. It was stolen.* **(which)**
5) *This is a picture. I painted it.* **(which)**

Nótese que el pronombre relativo reemplaza al sujeto u objeto, el cual no debe incluirse. **No** es correcto, por ejemplo:

   * He is the man who he won the lottery.*

Exercise 1:   Una las dos oraciones para formar una sola en cada caso, utilizando el pronombre relativo apropiado.

1 John is the swimmer. He broke the record.

_____ .

2 Jane and Mary are the architects. They designed this mall.

_____ .

3 Those are the people. We met them last week.

_____ .

46

4 This is the director. His last film won an Oscar.

_____.

5 That's an interesting picture. It was painted by Manet.

_____.

6 This is the car. I bought it last week.

_____.

Un aspecto de los pronombres relativos que suele causar dificultades de entendimiento para hispanoparlantes es la posible omisión del pronombre relativo cuando el referente es el objeto de la cláusula relativa (ver ejemplos 2 y 5 arriba). Estas dos oraciones pueden ser, y en la conversación sobre todo, generalmente serían:

He is the man we met last week. (omitiendo **that [whom]**)

This is a picture I painted. (omitiendo **that/which**)

Exercise 2:
Indique con (✓) las oraciones donde puede omitirse el pronombre relativo.

_____1 This is the book that made Márquez famous.
_____2 This is the first book which Márquez wrote.
_____3 Cortés was the man who 'burned his boats'.
_____4 Cortés is the man that I was describing.
_____5 The concert which we heard last night was excellent.
_____6 The man that Jack Ruby shot was Lee Harvey Oswald.

Cuando hay una preposición antes del pronombre relativo (ver la nota respectiva al cuadro en la página anterior) la forma más común es ponerla al final de la cláusula. Así que las dos oraciones de la nota serían:

That's the woman (that) we bought the house from.

This is the company (which) he based his fortune on.

Exercise 3:
Ordene las siguientes frases para formar oraciones correctas.

1 is very tall/the man/looking at/I am/./
2 I was born/the town/this/in/is/./
3 the chair/on/very old/you are sitting/is/./
4 is my mother/about/you are talking/the woman/./
5 very nice/with/the people/we are staying/are/./

En los ejemplos anteriores, la cláusula relativa forma parte esencial de la oración. Si la cláusula añade información extra, no se usa **that** como relativo. ¡Note la puntuación!

*That man, **who** is 93, lives in our village.*

*This car, **which** was built in 1920, was the best of its type.*

24 | LOS PRONOMBRES Y LOS ADJETIVOS DEMOSTRATIVOS

I   FORMA

	cerca	**lejos**
singular	*this*	*that*
(adjetivo)	*(this book)*	*(that book)*
plural	*these*	*those*
(adjetivo)	*(these books)*	*(those books)*

Los pronombres demostrativos son cuatro. Dos se refieren a sustantivos (o frases nominativas) singulares y dos a plurales. A su vez, hay dos (uno singular, uno plural) para cosas consideradas por el que habla como «cercanas», y dos para cosas consideradas como «lejanas» sea a) física, b) temporal o c) psicológicamente, cosas perteneciendo, por ejemplo, a la persona con quien se habla.

Ejemplos:

   a) - *What wonderful flowers!*
   - *Yes, I think **these** here are especially nice.*
   - *Oh, do you? I prefer **those** over there.*
   b) - *What a good meal! **This** is a good restaurant!*
   - *Yes. I didn't like **that** one yesterday.*
   c) - ***That**'s a nice dress, Mary!*
   - *Thank you. I like it, too. In fact, I think **this** is my favorite dress.*

Cada uno de los cuatro puede actuar como adjetivo, como ejemplifican las formas entre paréntesis en el cuadro. De hecho, uno de los seis ejemplos en (a), (b), (c) arriba es de carácter adjetivo.

Exercise 1:

a) ¿En cuál de los seis ejemplos en (a), (b) y (c) actúa el demostrativo como adjetivo?
b) Escriba los ejemplos de nuevo, cambiando los cinco restantes a adjetivos demostrativos.
Ejemplo: *Yes, I think **these flowers** here are especially nice.*

Exercise 2: Escriba el pronombre demostrativo apropiado en cada caso.

a) - Look up there in the sky. What a bright star!
   - 1)_____ isn't a star. 2)_____'s Venus.
b) - What are 3)_____ over there?
   - They're hippos and 4)_____ over here are rhinoceroses.
c) - Come here and look at 5)_____. It's a tarantula.
   - Don't touch it! 6)_____ are dangerous insects!

Exercise 3: Escriba el adjetivo demostrativo apropiado en cada caso.

- 1)_____ tart is delicious and so are 2)_____ cakes!
- I'm glad you like them. 3)_____ cookies are great, too.
  Try one! And why don't you take home some of 4)_____ donuts in the window, or 5)_____ big pie on the shelf?

25 LOS PRONOMBRES Y LA REFERENCIA TEXTUAL

Al leer textos es muy importante darse cuenta de los referentes precisos de los pronombres. El no hacerlo resulta en una conocida queja: «Entiendo las palabras pero no entiendo lo que dice el texto.» Terminamos esta sección ofreciendo una oportunidad para enfocar el problema.

Exercise 1:
Lea el siguiente texto e indique los referentes para las palabras en negritas.

One day a messenger from the King came to the house where Cinderella lived with her stepmother and stepsisters. (1) **He** carried an invitation to a dance for the ladies of the house. The step-mother and the sisters were excited and began to prepare for the occasion. Naturally, Cinderella wanted to go, but (2) **they** laughed at (3) **her**, saying (4) "**You** can't go because you don't have anything to wear."

After the others had left, Cinderella was very sad, but then her fairy-godmother appeared and told (5) **her** not to cry. (6) **She** said, "You can go to the dance if you obey (7) **my** orders." She told Cinderella to fetch a pumpkin and some mice. Then she waved her magic wand and said "I will turn (8) **that** into a brilliant carriage and (9) **those** into splendid horses." Cinderella was amazed, but (10) **she** said, "I can't go to the dance. My clothes are too old". Her fairy-godmother smiled and then (11) **she** turned the clothes into a wonderful ball-gown. "Have a great time at the ball," she said, "but be home before midnight. (12) **That** is essential!"

1 he _____   7 my _____
2 they_____   8 that _____
3 her _____   9 those _____
4 you _____   10 she _____
5 her _____   11 she _____
6 she _____   12 that _____

Exercise 2:
Lea el texto y conteste las preguntas acerca de los referentes.

On December 27, 1831, the Beagle left England. (1) **Its** objective was to survey the coast of South America. (2) **That** may have made the voyage memorable, but what made (3) **it** historic was the work of its naturalist, the young Charles Darwin. The ship sailed to Brazil and from (4) **there** continued to Tierra del Fuego, stopping at five points on the way. On the way up the western coast there were four more stops before the famous (5) **one** in the Galapagos Islands. There Darwin studied several unique species which had been isolated from (6) **others** . While (7) **there**, he was able to study an apparently ordinary group of birds, (8) **which** consisted of thirteen families of finches. (9) **These** led (10) **him** eventually to some revolutionary ideas!

1 *its*: ¿de qué? _____
2 *that*: ¿qué? _____
3 *it*: ¿qué? _____
4 *there*: ¿dónde? _____
5 *one*: ¿un famoso qué? _____
6 *others*: ¿otros qué? _____
7 *there*: ¿dónde? _____
8 *which*: ¿qué? _____
9 *these*: ¿éstos qué? _____
10 *him*: ¿quién? _____

26 | LOS ADJETIVOS DESCRIPTIVOS

I FORMA

Empleamos el término «adjetivo descriptivo» para distinguir los adjetivos tratados aquí de los determinadores tales como adjetivos posesivos o numéricos.

La forma de estos adjetivos se distingue de su forma en español por no variar de acuerdo con el sustantivo que modifican—ni por número ni por género:

	SINGULAR	PLURAL
MASCULINE	**a small** boy	**small** boys
FEMININE	**a small** girl	**small** girls

II POSICIÓN

La gran mayoría de adjetivos descriptivos pueden aparecer en las tres posiciones siguientes:

a) Antes del sustantivo que modifican (posición atributiva).
   *An **easy** exercise; some **difficult** questions*

b) Después del sustantivo en ciertas estructuras interrogativas.
   *Was the test **difficult**?*
   *Did you find the questions **easy**?*

c) Como complemento después de verbos como **be, seem, look, appear** (verbos copulativos—ver Unidad 2,II).
   *The test was **easy**; these questions look **difficult**.*

En (a) y (b), la posición del adjetivo es lo contrario de su posición normal en español.

En (c) el sujeto puede seguir el adjetivo en español mas no en inglés.

Nota: Unos cuantos adjetivos no aparecen en la posición atributiva. Estos incluyen varios que llevan el prefijo **a-: alone, aware, asleep**, y otros como **glad, content** e **ill** en el sentido de enfermo.

Exercise 1: Ordene las palabras para crear oraciones.

1 beautiful/she/a/is/woman/./

_____

2 movie/an/this/exciting/is/real/a/about/situation/./

_____

3 that/expensive/shirt/was/?/

_____

4 tall/husband/your/is/?/

_____

5 round/that/looks/cake/delicious/!/

_____

III ORDEN

Cuando hay una serie de adjetivos antes del sustantivo suelen aparecer en el siguiente orden —aunque no es absoluto:

a) Primero los adjetivos que expresan opiniones y después los que expresan hechos;

ejemplos:

an interesting old man; a delightful wooden chair

b) Entre los que describen hechos, el orden suele ser los que se refieren a:

1 tamaño   2 forma   3 edad   4 color   5 origen   6 material

a nice big red tomato; some old French silk ties

Nota: Es bastante raro en inglés encontrar más de tres adjetivos antes de un sustantivo.

Exercise 2: Ordene las palabras para formar oraciones.

1 was/charming/she/a/woman/young/./

_____

2 see/red/bowl/round/small/can/I/a/./

_____

3 there/a/French/delicious/soup/onion/was/./

_____

4 wool/it/elegant/is/black/dress/an/./

_____

5 German/he/new/wanted/a/large/dictionary/./

_____

IV EL ADJETIVO COMO SUSTANTIVO

En español es muy común utilizar adjetivos como sustantivos (*Me gustan los grandes. Prefiero uno azul.*). Esto se realiza en inglés añadiendo un pronombre (**one/ones**, los únicos pronombres que pueden seguir un adjetivo descriptivo; ver Unidad 22, II) después del adjetivo:

I like the big **ones** *. I prefer a blue* **one**

Los únicos adjetivos que pueden utilizarse como sustantivos son los que son aplicables a grupos de personas:

the rich;   the poor;   the blind;   the English, etc.

Estos siempre llevan el artículo **the** e implican una idea plural y general: **los ricos; los pobres; los ciegos; los ingleses.** Toman un verbo plural: *The rich are not always happy.*

27 | LOS ADJETIVOS :
COMPARACIONES (I)

En esta unidad se tratan las comparaciones de superioridad. Los únicos adjetivos que aparecen en la forma comparativa o superlativa son los adjetivos descriptivos (ver Unidad 26) y los cuantificadores (Unidad 29). Existen dos maneras principales de crear estas formas, dependiendo en general del número de sílabas en el adjetivo base.

a) Adjetivos de **una sílaba**:

ADJETIVO	COMPARATIVO	SUPERLATIVO
strong	stronger	strongest
big	bigger	biggest

Nota: bigger: se duplica la consonante final si el adjetivo termina con una sola vocal seguida de una sola consonante.

b) Adjetivos de **más de dos sílabas**:

ADJETIVO	COMPARATIVO	SUPERLATIVO
interesting	more interesting	most interesting
beautiful	more beautiful	most beautiful

Nota: En español se utiliza la misma palabra (más) tanto para **more** como para **most**, lo cual puede dar lugar a equivocaciones.

c) Adjetivos de **dos sílabas**:
Algunos siguen una de las formas descritas en (a) arriba, y otros las formas en (b), y aún otros pueden seguir cualesquiera de las dos formas. A continuación se presenta una guía general:

-er, -est	more, most	las dos
consonante + y	-ful, -ing, -ed	-er
(easier, easiest)	-ous, -ish	(cleverer/more
	(more, most hopeful)	clever)
-ple, -ble	-ct, -nt, -st	-ow
(simpler, simplest)	(more, most recent)	(narrower/more
(abler, ablest)	(more, most honest)	narrow)

Nota: **a) easier:** se cambia la **y** a **i** si el adjetivo termina en una consonante seguida de **y**.
b) Con adjetivos de dos sílabas con terminación no incluidas en el cuadro, la forma más segura es con **more** y **most**.

Hay unos adjetivos con formas comparativa y superlativa **irregulares**:

good > better > best	**bad** > worse > worst
far > farther > farthest	
much/many > more > most	**little** ("poco") > less > least

Exercise 1:

Escriba las formas comparativa y superlativa de los adjetivos indicados.

ADJETIVO	COMPARATIVO	SUPERLATIVO
1 pretty	_____	_____
2 green	_____	_____
3 hot	_____	_____
4 important	_____	_____
5 determined	_____	_____
6 narrow	_____	_____
7 doubtful	_____	_____
8 bad	_____	_____
9 far	_____	_____
10 good	_____	_____

La conjunción que sigue las formas comparativas no es **that**, sino **than**.

Ejemplos :

> *Alaska is bigger **than** Texas.*
> *Platinum is more valuable **than** gold.*

Se pone **the** antes de una forma superlativa si no va precedida de una forma posesiva.

Ejemplos:

> *What's **the** longest river in the world?*
> *Which is **the** most powerful economy?*

Exercise 2:

Una las dos ideas en cada oración adaptando el adjetivo entre paréntesis.

1 Los Angeles is _____ San Francisco. **(big)**

2 Florida's climate is _____ Utah's for growing oranges. **(good)**

3 _____ area in the U.S.A. is Beverly Hills. **(expensive)**

4 For many years the Steelers were _____ team in the American Football League. **(bad)**

5 What's _____ river in the United States? **(long)**

Notas: Se usa **the** con la forma comparativa en los siguientes casos:

    a) Cuando se comparan únicamente dos :

> *John and Bill are both tall, but John is **the taller** of **the** two.*
> *This ring is **the more expensive** of **the** two.*

    b) Cuando en español se utiliza la expresión "Entre más ...":

> ***The riper, the better.*** (Entre más maduro, mejor.)
> ***The bigger** they are, **the harder** they fall.*

28 | ADJETIVOS: COMPARACIONES (II)

En esta unidad se tratan principalmente las comparaciones de igualdad y de inferioridad. (Para las comparaciones de superioridad, ver la unidad anterior).

I COMPARACIONES DE IGUALDAD

Todos los adjetivos forman comparaciones de igualdad de la misma manera:

as big as	not **as** big **as**
as good as	not **as** good **as**
as important as	not **as** important **as**

Ejemplos: *Mary is as big as her brother.*
Mary's French is not as good as her brother's.
Mary's education is as important as her brother's.

Nota: Se dice **the same as**: *Yours is the same as mine.*

Exercise 1: Una las ideas en cada oración utilizando el adjetivo entre paréntesis. (Exprese suopinión.)

1 Mexico is _____ the USA. **(big)**

2 Madonna is _____ Michael Jackson. **(famous)**

3 Silver is _____ gold. **(valuable)**

4 St Augustine, Florida is almost _____ Veracruz. **(old)**

5 New Orleans is _____ San Francisco. **(exciting)**

Notas: a) Se pueden modificar las expresiones con **as...as** usando adverbios como: **almost** (ver número 4 arriba), **nearly, just, exactly, approximately**, y también con: **twice, three times, (not) half**, etc.
Ejemplo: She's twice as clever as I am.

b) Se utiliza la expresión **as...as** en frases típicas que comparan atributos de una persona con los atribuídos tradicionalmente a algo o a alguien.
Ejemplo: She's as quiet as a mouse.

Exercise 2: Relacione las dos listas para crear frases. Si la comparación es con un sustantivo contable (ver Unidad 17) necesitará el artículo indefinido **(a/an)**.

1) strong   a) toast   _____

2) stubborn   b) bee   _____

3) rich   c) fox   _____

4) heavy   d) horse   _____

5) busy   e) mule   _____

6) cunning   f) lead   _____

7) cold   g) Croesus   _____

8) warm   h) ice   _____

La forma de los pronombres después de **as...as**:

1) El nominativo es formalmente correcto después de **as...as**:
Jane is as old as I/she/he. (pero muchos lo encuentran demasiado formal)

2) Se usa con bastante frecuencia la forma objetiva:
Jane is as old as me/her/him. (pero muchos la encuentran demasiado informal)

3) Una solución es añadir un verbo al pronombre:
Jane is as old as I am /he is.

Se pueden utilizar los cuantificadores **much** y **many** (ver Unidad 29) antes del sustantivo con **as...as**.
Ejemplos: *Take **as much** time **as** you like.*
*He doesn't have **as many** problems **as** he used to.*
Y también pueden utilizarse como pronombres con el sentido de "tanto/tantos como":
*I like him **as much as** you do.   She has **as many as** I do.*

Exercise 3: Ordene las palabras para formar oraciones.

1 he/he/as/as/have/money/used/much/to/doesn't/./

_____

2 do/has/Mary/as/as/imagination/much/I/./

_____

3 does/do/John/toys/as/as/many/have/you/?/

_____

4 cups/have/as/as/coffee/like/you/many/of/!/

_____

5 eat/as/as/cake/want/you/much/!/

_____

II   COMPARACIONES DE INFERIORIDAD

Less y **least** corresponden a **more** y **most** en las comparaciones de superioridad (unidad anterior). Se utilizan menos que éstos porque hay la opción de **not so/as**... A diferencia de **more/most**, **less** y **least** pueden emplearse con todos los adjetivos desde una hasta más de tres sílabas, aunque de hecho suelen ocurrir más con los adjetivos que forman comparaciones de superioridad con **more/most**.

ADJETIVO	COMPARATIVO	SUPERLATIVO
happy	less happy (than)	(the) least happy
important	less important (than)	(the) least important

29 | LOS ADJETIVOS CUANTIFICADORES

Los adjetivos de cantidad indefinida **much/many, little/few** y **less/fewer** varían según si el sustantivo es de tipo contable o no-contable (ver Unidad 17):

NO-CONTABLE	CONTABLE PLURAL
Much time elapsed.	**Many** minutes elapsed.
Little time elapsed.	**Few** minutes elapsed.
Less time elapsed.	**Fewer** minutes elapsed.

Notas: a) **not much** y **not many** ocurren más frecuentemente que **much** y **many**. En oraciones interrogativas **much** y **many** sí ocurren normalmente.

> I **don't** have **much** time. There aren't **many** houses.
> Is there **much** milk?   Do you see **many** people?

En oraciones afirmativas se tiende a emplear alternativas a **much** y **many** como **a lot of** o **plenty of** (que tiene la idea de "más que suficiente"), los cuales funcionan tanto con sustantivos contables como con no-contables.

b) **a little** y **a few** tienen un sentido "positivo", enfatizando más bien la presencia de algo, mientras que **little** y **few** tienen un sentido más bien "negativo". Se usa frecuentemente el intensificador **very** con éstos últimos:

(very) little time	(muy) poco tiempo
a little time	algo de tiempo
(very) few minutes	(muy) pocos minutos
a few minutes	unos cuantos minutos

c) En inglés menos formal, es muy común encontrar **less** en lugar de **fewer**:

> There were **less** people than we expected.

d) **a lot of** y **plenty of** ocurren con verbo singular o plural, según el sustantivo que modifican:
> There are **a lot of /plenty of** flowers this year.
> There is **a lot of /plenty of** corn this year.

a few y **few** siempre ocurren con verbo plural.
little y **less** ocurren con verbo singular (pero ver [c]).

Exercise 1: Escoja un cuantificador del cuadro anterior para cada espacio.

a) 1)_____ people want to live or work in Manhattan but there is 2)_____ space and so the buildings are very high.

b) 3)_____ practice is needed to perfect a foreign language and 4)_____ people completely master a second language.

c) Mexico City has an enormous population but it has 5)_____ opportunities than most cities to expand its area and it probably has 6)_____ time than other cities to find solutions to its environmental problems.

Exercise 2:
Utilice los cuantificadores del cuadro para completar el párrafo.

much	many	little	few	less	fewer

Fortunately, these days there is 1)_____ interest in the environment, though 2)_____ ordinary citizens understand the whole problem. Recently 3)_____ cities have started recycling programs, and 4)_____ people use aerosol products than ten years ago. But there are still serious problems. Scientists warn that today we have 5)_____ protection from the ozone layer than before. Unfortunately, there is 6)_____ chance of really making a difference unless governments make significant changes.

Exercise 3:
Dé un tono menos formal al párrafo completándolo de nuevo utilizando estos cuantificadores. (Esto implica otros cambios menores en la oración 5.)

a lot of (2x)	not much	not many	not as much	not as many

Exercise 4:
Complete el diálogo utilizando los cuantificadores: **little   few   a little   a few.**

Mary: This is my new apartment. But I have very
1)_____ furniture.
John: I have 2)_____ old chairs. Would you like them?
Mary: Sure. That's great! And I have very
3)_____ cups and plates.
John: I can help you with those, too.
Mary: Wonderful. When can I have them?
John: Well, I have 4)_____ free time tomorrow. I'll bring them over in the morning.

Nota: Los adjetivos de cantidad indefinida descritos en esta unidad también pueden funcionar como pronombres (omitiendo el sustantivo modificado). En este caso se omite el **of** de las expresiones donde ocurre (**a lot, plenty**) y se suele anteponer la palabra **very** con **a little** y **few**: *very little; very few.*

Ejemplos:
- *How much money do you have?*
- ***Not much.** In fact, **very little.***
- *That's OK. I have **a little**. But I don't have much time.*
- *Well, I have **a lot**. Do you have any good ideas?*
- ***Very few.** But I'm sure you have **a few**.*
- *Oh, yes. **Plenty.** So you provide the money and I'll supply the time and the ideas!*

30 | LOS PARTICIPIOS COMO ADJETIVOS

Tanto los participios presentes (terminando en **-ing**) como los participios pasados (típicamente terminando en **-ed**) pueden emplearse como adjetivos. Los primeros corresponden a formas activas, y los segundos a formas pasivas. **Ejemplos:**

> *The film was **interesting**; the audience was **interested**.*
> *It was a **fascinating** story; we were **fascinated**.*
> *Dancing can be **tiring**; I'm feeling very **tired**.*
> *A pen is a **writing** instrument; this is a **written** document.*

Exercise 1:

Escoja la opción correcta en cada caso:

1 The storm was <u>terrifying/terrified</u>.
2 We were all <u>astonished/astonishing</u> at the result.
3 Many Americans are <u>interesting/interested</u> in baseball.
4 The incident was <u>embarrassing/embarrassed</u> for everyone.
5 The <u>shocking/shocked</u> accident changed his life.
6 The <u>exhausting/exhausted</u> athlete collapsed.

Notas: a) Las formas comparativa y superlativa de los dos tipos de adjetivos se forman con **more** y **most** (en los casos donde la comparación es posible):
> *It was **the most tiring** race I had ever run in.*
> *She was **more bored** than I was by the play.*

b) Por lo general, cuando los adjetivos en **-ing** aparecen antes del sustantivo se refieren a características permanentes más que a estados temporales: *He's a **hard-working** man* no describe lo que está haciendo en el momento actual sino que es "trabajador". Por lo mismo, no se puede decir **Look at that jumping man.**, pero si hablar de *Mexican jumping beans*.

Exercise 2:

Complete las dos oraciones que siguen a cada ejemplo con la forma correcta de adjetivos derivados de los verbos en paréntesis.

1 These flies are driving me crazy. **(irritate)**
   The flies are very _____. I am very _____ by them.
2 That circus act was fantastic! **(amaze)**
   We were _____. The act was _____.
3 John thought the monkeys were funny. **(amuse)**
   John was _____. The monkeys were _____.
4 The situation is causing the people concern. **(worry)**
   It's a _____ situation. The people are _____.
5 The meal left us all feeling good. **(satisfy)**
   We were _____. The meal was _____.

31 LAS ESTRUCTURAS DESPUÉS DE LOS ADJETIVOS

Así como en español, hay una serie de estructuras que pueden seguir ciertos adjetivos. Estos incluyen (1) frases preposicionales (ver también Unidad 38); (2) **that** más una cláusula; (3) el infinitivo; (4) **it is** + adjetivo + infinitivo

I ADJETIVO + FRASE PREPOSICIONAL

Hay bastantes con **of** ("de") pero no hay reglas seguras para saber cuál preposición puede seguir a un adjetivo en la posición predicativa. La única solución es aprenderlas por la práctica (¡un consejo bastante común en relación con las preposiciones!). Estas son algunas de las muchas combinaciones.

afraid of	**ashamed of**	**full of**	**shy about**	**fond of**
free from	**bored with**	**good at**	**bad at**	**due to**
similar to	**worried about**	**kind to**	**interested**	**in**

Ejemplos:

I'm **afraid of** snakes. He's **interested in** reading.
Be **kind to** animals! She's **worried about** her English.

II ADJETIVO + CLÁUSULA CON "THAT"

Esta estructura se usa para expresar actitudes personales y es útil para la interacción social.

delighted that	**sure that**	**sorry that**
afraid that	**angry that**	**surprised that**
furious that	**anxious that**	**embarrassed that**

Ejemplos:

We're **delighted** that you could come.
I'm **surprised that** we won the game.

III ADJETIVO + INFINITIVO

Corresponde a la estructura "de + infinitivo" en español en algunos casos solamente:

glad/happy/delighted	**due to**	**to content to**	**certain to**
ready to	**careful to**	**likely to**	**free to**
qualified to	**surprised to**	**willing to**	**sure to**

Ejemplos:

Are you **ready to leave** ? We're **willing to pay** for it.
Be **careful to lock** the car. I'm **delighted to meet** you.

IV IT IS + ADJETIVO + INFINITIVO

Corresponde a "es + adjetivo + infinitivo" en español, donde opera con un grupo similar de adjetivos (ver Unidad 10):

easy	**difficult**	**impossible**	**simple**	**agreeable**
necessary	**sad**	**essential**	**important**	**surprising**

Ejemplos:

It's **easy to understand** but it's **difficult to use**.
It's **sad to sell** it but it's **agreeable to have** the money.

Nota: Si se quiere incluir "para quién" es fácil, pues simplemente se usa **for**:
It's easy **for you** to do but it isn't easy **for me**.

32 | LAS ESTRUCTURAS ADJETIVAS POSTMODIFICADORAS

Existen varias estructuras adjetivas que aparecen en la misma posición que en español: después del sustantivo (o del pronombre indefinido: ver Unidad 22). La función de todas estas estructuras es parecida a la de los adjetivos en sí: distinguir a cuál se refiere de entre todos los posibles referentes del sustantivo.

I LAS CLÁUSULAS RELATIVAS

Las cláusulas relativas (ver Unidad 23), incluyendo las llamadas cláusulas de contacto donde se suprime el pronombre introductorio (exemplos 3 y 4).

Ejemplos:
1) *She was the woman* **who discovered radium.**
2) *It was a book* **which changed the world.**
3) *Something* **I saw last week** *interested me.*
4) *The person* **you are referring to** *is dead.*

Exercise 1: Identifique las cuatro cláusulas relativas (marcadas con letra) que pueden insertarse en cada una de las oraciones numeradas.

	a) who arrived today.
	b) which arrived today.
	c) you bought yesterday.
1) The book is on the table.	d) I talked to yesterday.
2) The man is in the garden.	e) that came today.
	f) whose son is here.
	g) where I saw your name.

II FRASES CON PARTICIPIO PRESENTE Y PASADO

Estas frases equivalen a cláusulas relativas sin su relativo y verbo principal:
1) *The man (who is)* **buying a ticket** *is my father.*
2) *The man (who was)* **killed in the accident** *was the driver.*
3) *The car (which is)* **being fixed now** *is yours.*

Como se puede ver, el ejemplo (1) con el participio presente representa la forma activa del verbo mientras que los otros dos ejemplos con participios pasados representan la forma pasiva. Naturalmente las formas (2) y (3) sólo pueden emplearse con verbos transitivos. (Ver Unidades 59 y 60 para la voz pasiva.)

Exercise 2: Inserte las frases correspondientes con participio presente o pasado en las oraciones de la columna izquierda.

1) The picture_____is by Picasso.	buying at the auction
2) The man_____is very rich.	bought at the auction
3) Anything _____must be paid for.	eating in the cafe
4) Anyone _____ must pay.	eaten in the cafe
5) The lady_____is very good.	knitted on this machine
6) The sweaters_____ are very good .	knitting on this machine
7) The woman_____is the mayor.	awarding the prize
8) The cat_____is a Siamese.	being awarded the prize
9) The woman_____is a famous doctor.	operating in there
10) The woman_____is a secretary.	being operated on in there

III LAS FRASES PREPOSICIONALES

En español existe la estructura correspondiente, pero se emplea con mucho mayor frecuencia en inglés, donde no es raro encontrar una serie de estas frases en una misma oración (ejemplos 3 y 4).

Ejemplos: 1) *The book **on the chair** is mine.*
2) *Who is the man **with the black eye**?*
3) *The wheat **from the farms in the midwest of the United States** is an important factor.*
4) *The seminar **in Chicago on techniques for grain farmers** has been postponed.*

De hecho, no sería exagerada desde el punto de vista de estilo la siguiente oración, la cual contiene no menos de diez frases preposicionales y no requiere de comas:

The man with the black eye said that the book on the chair about exporting wheat from farms in the midwest of the United States was being used at the seminar in Chicago on techniques for grain farmers.

Exercise 3: Inserte correctamente las frases preposicionales en sus respectivas oraciones.

1 The man and the woman are both waiting for the plane.
   (from Toronto/in the green dress/with the pipe) _____.

2 The lady bought a book at the bookstore.
   (on Fifth Avenue/in red/about butterflies) _____.

3 A car came around the corner and stopped near the house.
   (of the street/opposite mine/with darkened windows) _____.

4 Inspectors will attend the meeting and the ceremony.
   (of the committee/from head office/after lunch) _____.

5 Some men carried the chair out of the apartment.
   (with the broken leg/above ours/in blue uniforms) _____.

IV LA FRASE INFINITIVA

Cuando el sujeto de la oración incluye un número ordinal (ver Unidad 33), un superlativo (ver Unidad 27), o la palabra **only**, se suele sustituir una cláusula adjetival por una **frase infinitiva**, una estructura que incluye el infinitivo pasivo y el infinitivo perfecto. En general esta estructura corresponde a **en + infinitivo** en español.

Ejemplos: ***The first** man **to walk** on the moon was Armstrong.*
*John is **the best** person **to do** the job.*
*Mansell was **the only** driver **to finish** the race.*
*Antarctica was **the last** continent **to be explored**.*
***The only** team **to have won** the trophy is the Lions.*

Exercise 4: ¿Puede identificar estos **firsts** y **lasts**?

1 _____ was the first Catholic to become US president.
2 _____ was the first country to win the World Cup.
3 _____ was the first city to be founded in the USA.
4 _____ were the last two states to join the Union.
5 _____ was the last planet to be discovered.

33 | LOS NÚMEROS EN INGLÉS

I   LOS NÚMEROS CARDINALES

1	**2**	**3**	**4**	**5**	**6**	**7**	**8**	**9**	**10**
one	two	three	four	five	six	seven	eight	nine	ten
11	**12**	**13**	**14**	**15**	**16**	**17**	**18**	**19**	**20**
eleven	twelve	thirteen	fourteen	fifteen	sixteen	seventeen	eighteen	nineteen	twenty

Los otros números de 21 a 99 se forman combinando éstos:
21: **twenty-one**; 32: **thirty-two**; 43: **forty-three**, etc.

II   LOS NÚMEROS ORDINALES

Se emplean más frecuentemente en inglés que en español. Se forman así:

1st	**2nd**	**3rd**	**4th**	**5th**	**6th**	**7th**	**8th**	**9th**	**10th**
first	second	third	fourth	fifth	sixth	seventh	eighth	ninth	tenth

Se añade **-th** a los números 11-20: **thirteenth, fifteenth (but twelfth and twentieth).**
De 21 en adelante se forman los números ordinales según la última cifra: **twenty-first; forty-third; sixty-fifth**, etc.

III   NÚMEROS MÁS GRANDES

100:     *a hundred/one hundred*
1000:   *a thousand/one thousand*
100,000:   *a hundred thousand/one hundred thousand*
1,000,000: *a million/one million*

Nota: En EE.UU. *one billion* = mil millones   *one trillion* = un millón de millones
Al decir los números arriba de 100, se pone **and** después de la(s) cifra(s) indicando cientos (aún si éste es cero):   125: *One hundred **and** twenty-five*
5,608: *Five thousand six hundred **and** eight*
12,042: *Twelve thousand **and** forty-two*
104,076: *One hundred **and** four thousand **and** seventy-six.*

Note que no se pluralizan **hundred, thousand**, etc., para números precisos: **five hundred dollars; two thousand people,** pero sí en números imprecisos: **millions of years**.

IV   DECIMALES Y FRACCIONES

Para indicar que sigue una fracción decimal, se dice **point:** 12.5 (**twelve point five**); 1.05 (**one point oh five**)
Para las fracciones ½ y ¼ se dice **one half** y **one quarter**.
Para las otras fracciones se emplean los números ordinales: ⅛ (**one eighth**); ⁷/₁₀ (**seven tenths**); 1½ (**one and a half**).

V   EL CERO

Se dice **oh** (teléfono), **zero** (temperaturas), **nothing** (resultados).

Exercise 1: Diga los siguientes títulos:

1) 1001 Nights 2) 42nd Street 3) 8 ½ 4) The 12th of Never

Exercise 2: Diga estos números:

1) 97   2) 207   3) 1,515   4) 18.75   5) 1,000,000,000

VI USOS ESPECIALES

Números de teléfono: En inglés se da un número telefónico separando cada cifra:
386-5520   (three-eight-six-five-five-two-oh)

Exercise 3: Diga los siguientes números de teléfono en inglés.

1) 351 8926   2) 523 8048   3) 794 0200   4) su número

Fechas:
1) Para decir la fecha exacta se emplean los números ordinales:
   April 1: **April first/the first of April**
2) Para decir el año se divide el número en dos partes:
   1995: **nineteen ninety-five**   1821: **eighteen twenty-one**
   pero: 1800: **eighteen hundred**   1905: **nineteen oh five**
3) Hay varias maneras de escribir la fecha completa:
   April 23, 1954   April 23rd, 1954   4/23/54

Note que en la última forma se escribe mes/día/año en EE.UU. (día/mes/año en inglés británico).

Exercise 4: ¿Cuándo son? Diga la fechas en inglés:

1) Navidad 2) Año Nuevo 3) El día de San Valentín 4) La fecha de su nacimiento
5) La fecha de su fiesta nacional.

Exercise 5: Diga las siguientes fechas en inglés americano:

1) 10/12/1492 2) 5/5/1862 3) 7/4/1776 4) 1/1/1900
5) 8/30/1905 6) La fecha de hoy

Monarcas, etc:
Para indicar a cuál de varios monarcas de un mismo nombre se refiere, se dice el nombre + **the** + número ordinal:

SE ESCRIBE	SE DICE
Queen Elizabeth II	Queen Elizabeth the Second
Louis XIV	Louis the Fourteenth
Pope John XXIII	Pope John the Twenty-third

En los países de habla inglesa se suele utilizar únicamente el apellido paterno. Como resultado, un hijo puede llamarse igual que su padre. En este caso, en Estados Unidos únicamente, algunos personas añaden **Jr.** (**Junior**) a su nombre o, en la tercera generación, **III** (**the third**).

Exercise 6: Diga los siguientes nombres y fechas.

Elizabeth I (1533-1603)   Charles V (1500-1558)
Pius XII (1876-1958)   Henry VIII (1491-1547)

34 | LOS ADVERBIOS DE MODO

I   FORMA

Muchos de los adverbios de modo, los cuales indican el como en relación con el verbo, se forman de adjetivos. Suelen tener la característica terminación **-ly**, que corresponde a la terminación "-mente" en español.

adjetivo: *calm   efficient   brave   skillful*
adverbio: *calm**ly**   efficient**ly**   brave**ly**   skillful**ly***

Los adjetivos de dos sílabas o más que terminan en **-y**, cambian ésta por **i** antes de la terminación.

adjetivo: *happy   angry   merry*
adverbio: *happ**ily**   angr**ily**   merr**ily***

Los adjetivos que terminan en **-ic** añaden **-ally**:

adjetivo: *frantic   sarcastic   sadistic*
adverbio: *frantic**ally**   sarcastic**ally**   sadistic**ally***

Algunos adverbios de modo conservan la misma forma del adjetivo: **fast   hard   flat   high   low**

Un adverbio que tiene una foma completamente irregular es: **good > well**

Notas:
   a) Algunos adjetivos terminan en **-ly**. (Ejemplos: **friendly, lovely, lively**). Cuando estas palabras se utilizan como adverbios, es normal emplear una frase: *in a friendly way*.
   b) Igualmente, los adverbios forman su comparativo y superlativo de la misma manera que los adjetivos (ver Unidades 27 y 28), siguiendo por lo general las formas **more/most**. Los que siguen las formas **-er/-est** incluyen: **hard, fast, soon, early, well, far, near** y **long**. Recuerde la irregularidad de **far-farther-farthest** y de **well-better-best**.

Exercise 1: Escriba los adverbios que correspondan a los siguientes adjetivos.

1 pretty	2 safe	3 beautiful	4 dramatic
5 serious	6 careless	7 enthusiatic	8 hungry
9 good	10 bad	11 hard	12 fast

II   POSICIÓN

Los adverbios en general ocurren en tres posiciones en la oración: inicial, media y final. La posición media está antes del verbo en tiempos simples y después del verbo auxiliar en tiempos compuestos (ver adverbios de frecuencia, Unidad 35). A diferencia del español, los adverbios en inglés **no** suelen ocurrir entre el verbo y el objeto. *He repeated excitedly the number*.

La posición normal de los adverbios de modo es al final de la cláusula y esta estructuración es la que generalmente se recomienda a los estudiantes. Note, sin embargo, que el adverbio suele aparecer antes de una frase preposicional (tercer ejemplo).

Ejemplos: *He worked **hard**.*
  *He did his homework **carefully**.*
  *She always sings **enthusiastically** in the choir.*

III FUNCIÓN

Mientras que los adjetivos modifican al sustantivo y a algunos grupos de pronombres (ver Unidad 22) o van después de verbos como **be, seem, look, appear, taste, feel** (ver Unidad 26 y el ejercicio 3 abajo), los adverbios de modo modifican a los verbos de otros tipos describiendo **"cómo"** o **"de qué manera"** el sujeto hace algo. Los adverbios que terminan en **-ly** se emplean más a menudo que sus equivalentes en español.

Exercise 2: Ordene correctamente las palabras para formar oraciones.

1 enthusiastically/delicious/we/the/ate/food/./

_____

2 train/slowly/powerful/the/the/went/town/old/through/./

_____

3 small/game/watched/crowd/the/the/nervously/./

_____

4 smart/questions/exam/students/the/the/answered/easily/./

_____

5 inexperienced/fast/his/the/teenager/new/drove/truck/too/./

_____

Exercise 3: Complete las oraciones con los adjetivos entre paréntesis o con adverbios basados en ellos. (Recuerde que los verbos como **be, seem, look**, etc. van seguidos de adjetivos.)

1 He looks _____ but he doesn't act _____. **(dramatic)**

2 You must cross the road _____ ; in fact, you must be

_____ at all times. **(careful)**

3 She felt _____ and started shouting _____ at him. **(angry)**

4 Sarah speaks French _____ and she has a _____ accent. **(good)**

5 It will be a _____ test so you must work _____. **(hard)**

35 | LOS ADVERBIOS DE FRECUENCIA

Los adverbios de frecuencia nos indican en términos generales qué tan a menudo ocurre algo. Incluyen adverbios como:

> **never (ever)   sometimes   seldom   rarely**
> **always   usually   often   invariably**
> **occasionally   generally   frequently   hardly ever**

Dado que indican una condición habitual o general, no suelen ocurrir con las formas progresivas de los verbos (Ver Unidades 47 y 50).

Ejemplos:
> I **never eat** meat.   Pero no *I'm never eating meat.*
> I **often went** home.   Pero no *I was often going home.*

Una excepción es con **always**, el cual puede usarse en el presente progresivo con la función específica de quejarse (ver el Apéndice de Estructuras y Funciones).

Ejemplos:
> You're always making jokes about my accent!
> My car is always breaking down.

POSICIÓN

Con tiempos simples la posición normal es entre el sujeto y el verbo :

Ejemplos:
> We occasionally go to the theater.
> The Cubs never get to the World Series!
> Did you generally arrive on time?

La excepción a la regla anterior es el verbo **to be**, con el cual el adverbio va después del verbo:

Ejemplos:
> We were usually happy to see them.
> I'm seldom at home on Sundays.
> They're always pleased with the results.

Con tiempos compuestos o verbos auxiliares modales, la posición normal es después del verbo auxiliar (ver Unidad 65):

Ejemplos:
> I have frequently taken the bus.
> They can sometimes see the mountains.
> Have you ever been to the Great Lakes?

Los adverbios de frecuencia son los elementos más flexibles en inglés en cuanto a su posición en la oración. Sin embargo, se enfatizan más cuando aparecen fuera de su posición acostumbrada.

Las posiciones alternativas para estos adverbios son: la posición inicial (excepto **ever**) y la posición final (excepto **never**).

Si los adverbios de frecuencia "negativa" (**never, seldom, rarely, hardly ever**) se colocan en primer lugar, se les da un gran énfasis, tanto así que se invierte el orden del sujeto y del verbo en la oración (estructura interrogativa):

Ejemplos: *Never have I seen a more exciting contest.*
Hardly ever does he take a moment's rest.

Debe enfatizarse que la posición inicial para estos adverbios de frecuencia negativa suele asociarse con el estilo formal.

Notas:
a) Los adverbios de frecuencia definida **daily, annually, weekly, monthly** van al final de la cláusula.
b) En las frases adverbiales de frecuencia, las cuales van en la posición final, note el significado del artículo **a** en *once a week; twice a year*, etc: una vez a la semana, dos veces al año. (ver Unidad 12)

Ejemplos:
*We pay our subscriptions **annually**.*
*She goes on vacation **three times a year**.*

Exercise 1:
Ordene correctamente las palabras para crear oraciones, utilizando la posición normal para los adverbios de frecuencia cuando sea posible.

1 Fridays/fish/on/eat/usually/we/./

_____

2 ever/Death Valley/it/rains/in/hardly/./

_____

3 the/very/sometimes/is/cold/it/in/mornings/./

_____

4 his/you/always/movies/have/liked/?/

_____

5 free/never/you/taxi/can/a/find/./

_____

6 annually/taxes/pay/we/our/./

_____

7 often/do/eat/you/meat/?/

_____

8 do/beautiful/rarely/you/paintings/more/see/./

_____

9 usually/night/watch/they/every/TV/./

_____

10 there/frequently/have/substitute teacher/I/been/a/./

_____

Exercise 2:
Genere oraciones sobre usted mismo empleando las siguientes ideas.

1 always/do...	2 have/sometimes...	3 never/will...
4 generally/am...	5 hardly ever/can...	4 often/did...

36 | LOS ADVERBIOS DE TIEMPO Y LOS DE LUGAR

I   LOS ADVERBIOS DE TIEMPO

Los adverbios de tiempo definido (**yesterday, tomorrow, now**) y las frases adverbiales (**in April, last night, before the war**) normalmente ocurren en posición **final** en la cláusula:

> *I bought this dress **yesterday**.*
> *We gave that book to Dave **three months ago**.*

También pueden ocurrir en posición inicial, pero no en medio:

> Sí: *I'm going to the market **tomorrow**.*
> Sí: ***Tomorrow** I'm going to the market.*
> No: **I'm going tomorrow to the market.***

Por lo contrario, los adverbios de tiempo indefinido sí pueden aparecer en posición intermedia (aunque no entre el verbo y el objeto (ver Unidad 34 II):

> *I **recently** found the information I wanted.*
> *The men **soon** finished the work they were doing.*

II   LOS ADVERBIOS DE LUGAR Y LOS DE DIRECCIÓN

Los adverbios de lugar y de dirección (**away, inside, east, there, here**) casi siempre van al **final** de la cláusula, al igual que las frases adverbiales (**in the park, on the chair**). Es mucho menos probable encontrarlos en posición inicial que a los adverbios de tiempo:

> *The crowd soon moved **away**.*
> *Don't leave the books **there**.*

En caso de haber una serie de adverbios y frases adverbiales, los adverbios van primero:

> *Put it **here on the chair**.*
> *The crowd soon moved **away from the scene**.*

III   SERIES DE ADVERBIOS

Cuando ocurre una serie de adverbios o frases adverbiales al final de la oración, el orden normal es:

	MODO	LUGAR	TIEMPO
We ate	**well**	**at this restaurant**	**last time.**
He drove the car	**slowly**	**down the street**	**just after midnight.**

Con el fin de evitar una serie tan larga, se puede preferir la posición inicial para el adverbio de tiempo:

> ***Just after midnight,** he drove the car **slowly down the street**.*

Exercise 1: Coloque los adverbios y frases adverbiales entre paréntesis en su posición correcta.

1 They ran their business. (**efficiently/for years/in New York**)
2 John studies physics. (**in his room/every night/diligently**)
3 More people travel. (**every year/by air/in America**)
4 Mary spoke. (**quietly but efficiently/at the meeting/on Monday**)

37 | LOS ADVERBIOS INTENSIFICADORES

Los adverbios de modo modifican al verbo (ver la Unidad 34); los adverbios intensificadores también modifican a los adjetivos y a otros adverbios.

Incluyen los adverbios de grado, de los cuales un grupo contesta a la pregunta **¿hasta qué grado?** El más común de este grupo es **very**, pero también incluye: **too, quite, extremely, fairly, somewhat, exceptionally**, etc. Su posición es antes del adjetivo o adverbio que modifican. Existen otros que son típicos del lenguaje informal, especialmente el oral: **terribly, pretty, horribly, so, really**, etc.

Nota: Este grupo también incluye **much** con ciertos verbos (en oraciones negativas e interrogativas solamente) o más usualmente **very much**, el cual modifica a un verbo y suele colocarse en posición final.
Ejemplos: *I like it very much. I don't enjoy it much.*

Exercise 1: Distribuya los adverbios intensificadores entre paréntesis en las oraciones respectivas.

a) This student is 1) _____ promising but it's 2) _____ early to say whether she is
    3) _____ talented or merely 4) _____ talented. **(too/exceptionally/very/quite)**

b) - This test is 5) _____ difficult!
    - Do you think so? I think it's 6) _____ easy!
    - Oh, you're 7) _____ smart! **(pretty/so/terribly)**

c) People are often 8) _____ doubtful about how to spell in English but it is 9) _____
    easy if you follow the rules – unfortunately, there is an 10)_____ large number of rules!
    (extremely/fairly/somewhat)

Otro grupo de los adverbios de grado contesta a la pregunta *¿qué tan completo?* e incluye: **completely, wholly, almost, nearly, partially, entirely, totally** .

Exercise 2: Escoja un adverbio para cada espacio.

almost	completely	totally	partially

a) I must go to bed, I'm 1) _____ exhausted.

b) I'm 2) _____ finished, so I'll be with you in a moment.

c) This answer is 3) _____ correct but you must get it 4) _____ right.

c) Entre los adverbios intensificadores se encuentran los enfatizadores: **only, especially, just, merely, even, exactly**, etc. Estos pueden modificar las siguientes estructuras y suelen aparecer inmediatamente antes de ellas, como se indica en el cuadro:

ESTRUCTURA MODIFICADA	EJEMPLO
adjetivos	She looked **especially** beautiful.
verbos	I'm **just** starting to learn French.
sustantivos	Everyone was there, **even** Dave.
pronombres	**Only** I misunderstood - no-one else.
frases	They went **merely** for pleasure.
cláusulas	They knew **exactly** what they should say.

 **LAS PREPOSICIONES**

I CARACTERTÍSTICAS GENERALES

Una preposición indica que lo que sigue es un sustantivo, (*He's in the house*), un pronombre (*This is for you*) o una estructura nominal (*I knew about what they had done*). La combinación de la preposición y la estructura nominal forma una frase preposicional:

at 12 noon   in the garden   after arriving

Estas frases preposicionales a su vez pueden tener distintas funciones gramaticales en la oración:
> *We arrived at 12 noon* (adverbio de tiempo).
> *We were in the garden* (adverbio de lugar).
> *The house in the garden is theirs* (adjetivo: ver Unidad 32).

Nota: Cuando una preposición está seguida por un sustantivo verbal, éste tiene la forma **-ing**:
> **for planting; in writing** (ver Unidad18): *After arriving, we had dinner.*

Las preposiciones en inglés causan muchas dificultades a los hispanoparlantes, en parte porque hay más que en español (arriba de cincuenta) pero principalmente por sus variadas combinaciones con otros elementos para formar expresiones idiomáticas.

Una lista de las más comunes incluiría las siguientes: (se incluye una indicación muy general de su significado en español, pero habría que consultar un buen diccionario para las múltiples posibilidades.)

about	(acerca de)	**into**	(hacia adentro)
above	(arriba de)	**like**	(como)
across	(al otro lado de)	**near**	(cerca de)
after	(después de)	**of**	(de)
along	(a lo largo de)	**on**	(ver U. 39,40)
around	(alrededor de)	**opposite**	(enfrente de)
at	(ver U. 39,40)	**over**	(arriba de)
before	(antes de)	**past**	(pasando por)
behind	(detrás de)	**since**	(desde)
below	(debajo de)	**till**	(hasta)
beside	(al lado de)	**through**	(a través de)
between	(entre)	**to**	(a, hasta)
by	(por)	**under**	(debajo de)
for	(para)	**with**	(con)
from	(de, desde)	**without**	(sin)
in	(ver U. 39,40)		

Nota: Muchas de estas preposiciones funcionan también como adverbios y algunos gramáticos los llaman "adverbios preposicionales". Existe un fenómeno parecido en español quitándole la "de" a varios ejemplos en el cuadro anterior.

Ejemplos de "adverbios preposicionales" contrastados con preposiciones:

ADVERBIO	PREPOSICION
There's a bar **above**.	My apartment is **above** a shop.
It's quite **near**.	It's **near** the bookstore.

II LAS PREPOSICIONES COMPUESTAS

Al igual que en español, hay preposiciones que consisten en más de una palabra.
Ejemplos:

because of:	We went in **because of** the rain.
in accordance with:	It is **in accordance with** your orders.
with reference to:	**With reference** to your recent letter,...
on top of:	Put it **on top of** the closet.

III POSICIÓN

Como implica su nombre, las preposiciones suelen ocurrir antes de un sustantivo, como en español. Sin embargo, ocurren en varias estructuras donde aparecen al final. Estas incluyen:

preguntas:	**What** are you looking **at**?
cláusulas relativas:	He's the man **I was talking to**.
voz pasiva:	That **was talked about** earlier.
preguntas indirectas:	I asked **what it was for**.
infinitivo:	This hole is **to look through**.

Exercise 1: Complete la segunda oración en cada caso.

1 I am from New York.   Where are you _____?
2 I was looking to Jim.   Jim was the person I _____.
3 We look after her well.   She is well_____.
4 What language is that in?   I asked what language it _____.
5 It's easy to write on that.   That's easy _____.

IV LOS VERBOS CON PREPOSICIONES

Hay una serie de combinaciones invariables: **verbo+preposición**. No hay reglas para indicar cuál preposición va con cuál verbo y es necesario aprender las combinaciones a través de la práctica. Algunos ejemplos de entre muchos son:

agree with	allow for	approve of	ask for	rely on
believe in	belong to	care for	decide on	stand for
hope for	insist on	listen to	long for	take after
look after	look at	look for	refer to	wish for

Exercise 2: Complete las oraciones con preposiciones.

1 Do you believe _____ fairies?
2 This book belongs _____ me.
3 You can rely _____ this medicine.
4 Honesty is something we insist _____.
5 I don't know what you are referring _____.

V LOS ADJETIVOS CON PREPOSICIONES

Hay un gran número de adjetivos que van seguidos de preposiciones específicas (ver Unidad 31).
Ejemplos:

afraid of	proud of	bored with	good at	due to
free from	close to	tired of	bad at	sorry about

Ejemplos en oraciones:

Are you afraid of spiders?	I'm bored with this.
She's quite good at French.	That was due to illness.

71

39 | LAS PREPOSICIONES DE TIEMPO

Las preposiciones de tiempo se pueden dividir en tres categorías según su significado:

I Momentáneo (referentes a un punto relativamente preciso en el tiempo)
II Extensivo (referentes a una extensión de tiempo)
III Secuencial (indicando un orden en el tiempo)

I | INDICANDO UN PUNTO PRECISO EN EL TIEMPO

Las preposiciones claves en este grupo son **at, on** e **in**, pero también se incluyen **around, about** y **by**.

AT se usa con **la hora**: *at one o'clock; at noon; at 5:25.* Para indicar menos exactitud se puede usar: **around** y **about**. Estas también ocurren junto con **at**: *Let's meet at around four o'clock.*

ON se usa con **el día**: *on Tuesday; on October 12; on the first Monday in March;* y el **fin de semana**: *on the weekend, on weekends.*

Nota: En español muchas veces no hay preposición correspondiente a este uso, y de hecho, en inglés se puede omitir con los primeros dos ejemplos:

> *Can you come Tuesday?*
> *No, but I'll see you October 12.*

IN se usa con:

partes del día (*in the afternoon*)	meses (*in October*)
estaciones (*in the fall*)	años (*in 1492*)
cualquier período más largo (*in the 15th century; in the fifties*)	

BY corresponde a "a más tardar" y no, como muchas veces se piensa, a "alrededor de":

> *I'll finish the essay by 7 o'clock/by the weekend/by the summer.*

Exercise 1: Complete las oraciones con preposiciones del cuadro.

at	in	on	by

- We arrived 1) _____ six o'clock 2) _____ the evening 3) _____ the second Sunday 4) _____ October 5) _____ the year 1492.
- What time does the movie start?
- 6) _____ 7:30. So we must leave 7) _____ 7 o'clock.
- But I work late tonight. Can we go 8) _____ Saturday?
- I can't. It's summer and I work 9) _____ weekends. I have to get there 10) _____ 8 pm at the latest.

II | INDICANDO UNA EXTENSIÓN DE TIEMPO

Este grupo incluye preposiciones como **since, for, during, in, from-to, until** y **till**.

SINCE implica una acción a partir de un punto en el pasado y corresponde a "desde". Se utiliza con tiempos perfectos (ver Unidad 53).

FOR indica durante un período de tiempo y va seguida de un número (*I'll be here for two days*) o de una indicación menos precisa (*I've been here for a few days*). Cuando se utiliza en el presente perfecto corresponde a **desde hace**; con otros tiempos a **durante**.

DURING corresponde a durante. Al igual que **for**, indica un período de tiempo, pero se sigue de otro tipo de indicación (denotando "cuando" más que "cuanto tiempo"): *during the night, during the summer*.

IN corresponde a "en" en el sentido de "dentro de" (*I can be there in twenty minutes*).

FROM—TO (until/till) corresponde a "de (desde)...a (hasta)". (*I was there from Monday to (until/till) Saturday.*). Note que no se puede emplear **since** en este sentido.

Exercise 2:

Complete las oraciones con preposiciones del cuadro.

until	for	during	in	since	from-till

- Hi! When did you arrive? You look tired!
- Oh, I've been here 1) _____ Saturday morning.
- And how long are you staying?
- Only 2) _____ a few days. Just 3) _____ Sunday. By the way, have you seen Martha?
- No. She doesn't usually come here 4) _____ the week.

  Anyway, we're having a party tonight. Come and join us!
- Great! What time?
- 5) _____ 8:30 6) _____ about midnight. And you can talk to Martha. She is going to call

  us 7) _____ the party.
- Well it's 7 o'clock now, so I'll see you 8) _____ a couple of hours! I think I'll have a rest 9) _____

  an hour. I haven't slept 10)_____ yesterday afternoon!
- No wonder you look tired.

III INDICANDO SECUENCIA EN EL TIEMPO

Las preposiciones principales en este grupo son **before** ("antes de") y **after** ("después de") aunque se pueden incluir sus equivalentes más elegantes **prior to** y **subsequent to**, respectivamente, y también **during**:

The police were on duty before, during and after the game.
You must pay prior to the date mentioned. Subsequent to that time you will be liable to interest.

40 | LAS PREPOSICIONES DE LUGAR Y DE DIRECCIÓN

I LUGAR

Las preposiciones de lugar se pueden dividir en diferentes grupos, según sus significados: (a) las que indican un lugar en sí; (b) las que indican cercanía; y (c) las que indican un punto, arriba o abajo.

Indicando **el lugar en sí.**
De la misma manera que con los adverbios de tiempo (ver unidad anterior), las preposiciones principales en este grupo son: **in, on, at.**

Sus significados básicos son los siguientes:

IN se utiliza con una área encerrada de alguna manera:
in a room; in a garden; in a bottle; in the universe. (La preposición **inside** se emplea para enfatizar la idea de adentro: *inside the box; inside your body.*)

ON también se traduce en ocasiones con "en" pero con el sentido de "sobre" o "encima de" superficies: *on the table; on a wall; on the ground.*

AT frecuentemente implica alguna relación adicional a la mera presencia física: *at school; at home; at work; at church; at the station.*

Nota: Para direcciones: *I live in New York/Canada/Brooklyn; on South Street* (también *on the Hudson River*); *at 1971 Michigan Avenue.*

Exercise 1:   Escoja una preposición para cada espacio.

at	in	on

I bought some things 1) _____ the supermarket. Please put the bread 2) _____ the table and the milk 3) _____ the fridge.
How did you do 4) _____ school today? When I drove by, I saw you 5) _____ the playground. You were standing near that sign 6) _____ the school wall that says "No parking". Does Joe live 7) _____ Elm Street? Yes, 8) _____ number 27. That's 9) _____ a very nice neighborhood.

Indicando cercanía a un lugar. Las preposiciones principales en este grupo son:

NEAR la palabra más general para indicar cercanía: *We live near the subway station. Is it near Cincinnati?* La preposición **close to** enfatiza la cercanía.

NEXT TO "al lado de" y muy parecido a **beside**.

BEHIND "detrás de" y lo contrario de **in front of**, la cual significa "delante de" y no "en frente de".

74

ACROSS FROM ésta sí significa "en frente de": *The movie theater is across from the supermarket.*

BETWEEN "entre" dos cosas o personas; para expresar la idea de entre más de dos cosas o personas se suele utilizar **among**: *Stand between your parents, and then we'll take a photo of you among the other guests.*

Indicando una **"relación vertical"**:

Hay dos preposiciones principales para sugerir "más alto": **over** y **above**. Quizas la diferencia reside en que **over** da la idea de un espacio entre una y otra cosa: *The birds flew over the park.* **Above** puede sugerir contacto: *The apartment above us; the birds flew just above the waves.* La distinción no siempre se observa.

Los opuestos de **over** y **above** son **under** y **below**, respectivamente. **Underneath** es como **under** y sugiere la idea de "escondido debajo" y **beneath**, una preposición un poco más elegante, se utiliza en expresiones como: *We sat beneath the branches of a shady tree.*

II DIRECCIÓN

Varias de estas preposiciones se expresan con estructuras verbales en español: *He walked across the road* (cruzó la calle); *We walked past/by the church* (pasamos la iglesia); *They went up/down the stairs* (subieron/bajaron las escaleras); *She took it out of the box* (lo sacó de la caja).

Otras sí tienen preposiciones correspondientes:

to y **from**: *We traveled from Chicago to San Francisco.* (de/desde - a/hasta)

towards: *As we went towards the ocean.* (hacia)

as far as: *The first night we got as far as Montana.* (hasta)

through: *We went through the tunnel.* (por/a través de)

around: *The boat sailed around the statue.* (alrededor de)

Exercise 2:

Complete el texto sobre Cristóbal Colón con estas preposiciones de dirección.

as far as	from (x2)	to	across	around
past	through	towards	up	

As Columbus sailed 1) _____ the ocean 2) _____ Spain 3) _____ "America", he and his men were worried. They hoped to get 4) _____ India. Every day they sent a man 5) _____ the mast to look for land. But finally when some birds flew 6) _____ their boats, these birds were not 7) _____ India but the island of Santo Domingo. Columbus never got 8) _____ India (he couldn't sail 9) _____ the Panama Canal! and Magellan was the first man to sail 10) _____ South America 30 years later), but his failure was a great success.

OTRAS PREPOSICIONES

En esta unidad veremos una selección de preposiciones en inglés en usos que no son de tiempo, lugar o dirección (para éstas ver Unidades 39 y 40) y que suelen causar especial problema a los hispanoparlantes. La Unidad 38 ofrece una lista más extensa de preposiciones con sus significados principales.

BY Aparte de sus significados como preposición de tiempo y de lugar, **by** se emplea para indicar el medio de hacer algo: *Turn on the machine by pressing the blue button.*
Lose weight by eating less.
En estos casos, no suele utilizarse una estructura preposicional en español sino simplemente el participio (oprimiendo/comiendo). El medio puede ser una forma de transportación (**by subway; by airplane**) y en este caso, sí se emplea una preposición en español.

El otro uso clave de **by** es con la voz pasiva (ver Unidad 59) cuando se menciona el agente: *These pyramids were built by the Mayas* . Un uso paralelo es con una voz pasiva implícita: *The Old Gringo [written]* **by Carlos Fuentes** (la preposición equivalente aquí es "por").

Un uso especial es **by + pronombre reflexivo**: *She did it by herself* (ella sola).

Exercise 1:   Relacione las dos columnas para formar oraciones.

1) He entered the house

2) Mary passed her exams

3) She became famous

4) We found the house

5) We lost weight

a) by following a strict diet.

b) by following the road signs.

c) by studying every night.

d) by writing a best seller.

e) by climbing through a window.

FOR En general, la preposición equivalente en español es "para" y no "por": *Take an aspirin for your headache; This tie is for Peter; It's easy for you to say that; What's this machine for?* (¿Para qué...?)

Un uso distinto es en el sentido de "a favor de": *I voted for the President.* **For** y **against** significan "pro y contra".

Exercise 2:   Complete los elementos faltantes.

What's this knife 1) _____?

3) _____'s this medicine for?

What' 5) _____ that recipe for?

What 7) _____ these glasses for?

What are those boxes 9) _____?

It's for 2) _____ meat.

It's 4) _____ curing influenza.

It' 6) _____ for making guacamole.

They' 8) _____ for driving.

10) _____'re for packing china in.

LIKE Esta es una preposición que se utiliza para comparar y que corresponde a "como": *John is like Bill* (es como Bill). Muchas veces aparece al principio de la oración: *Like Columbus, Magellan was an explorer.* Pero a diferencia del español, **like** tiene una forma negativa: *Unlike Magellan, Columbus survived his explorations.* Deben distinguirse las preposiciones **like** y **as**. **Like** se usa para decir que dos cosas distintas se parecen; **as** como preposición se usa para dar la idea de "en el papel de":

1) *As a musician, Louis Armstrong was unique.* (Era músico.)
2) *Like King Oliver, he played the trumpet.* (Los dos tocaban la trompeta, pero Armstrong no era Oliver.)

Se puede modificar **like** con adverbios como **very** o **just**; **as** no puede modificarse cuando funciona como preposición. En español, las dos ideas se expresan por "como".

Exercise 3: Complete las oraciones con palabras del cuadro.

like	unlike	as

1) _____ John F. Kennedy, Lyndon Johnson was a Democrat.

2) _____ Kennedy, Richard Nixon was a Republican.

3) _____ a Republican, Nixon had very different opinions.

- You know, Cathy, you're just 4) _____ my daughter Anne.

- Really, Mr Jones? Is she beautiful 5) _____ me?

- Well, 6) _____ Anne's father, I find that a difficult question to answer.

7) _____ the inventor of a new automobile manufacturing system, Henry Ford became very rich, and

8) _____ other rich philanthropists of his time, he established a foundation.

9) _____ Neil Armstrong, his companion on the first moon walk, Buzz Aldrin is not world-famous.

10) _____ the "firstman on the moon", Armstrong became famous overnight.

OF Generalmente, en español corresponde a "de", siendo ambas las preposiciones más comunes en sus respectivas lenguas. Sin embargo se reemplaza en inglés por la forma genitiva (ver Unidad 15) en ciertos casos: "El coche de John"= *John's car*; aunque "Un amigo de John" = *A friend of John's*. Como preposición de dirección, en inglés se sustituye por **from**: "¿De dónde es?" = *Where are you from?*

ON Aparte de sus usos como preposición de tiempo y de lugar, también se utiliza para la radio y la televisión: *There's a good program on TV. What's on the radio?* También se usa para la idea de "sobre": *He wrote a book on banking* y con la idea de "en" en expresiones como **on vacation** y **on sale**.

Un uso especial es **on** + adjetivo posesivo + **own**: *She did it on her own* (equivalente a **by herself**).

Exercise 4: Complete las oraciones con preposiciones del cuadro.

from	of	on	by

Tony is a friend 1) _____ mine. He's 2) _____ Phoenix. He has written several books 3) _____ the environment and last year, he traveled to the Amazon 4) _____ his own and then lived there 5) _____ himself for several months. His photographs 6) _____ the Amazon jungle are world-famous and he has given many talks 7) _____ radio and 8) _____ TV. He has recently returned 9) _____ Africa and his new book, 'The Green World', is 10) _____ sale in bookstores everywhere.

42 | LOS ADVERBIOS CONECTORES

I FUNCIÓN

Estos adverbios tienen una función parecida a la de las conjunciones (ver Unidades 43 y 44). Sin embargo, mientras las conjunciones unen elementos gramaticales, los adverbios conectores indican la relación que quiere establecer el que habla (o más probablemente en este caso, escribe) entre las ideas en su texto. En general, se separan del resto de la oración por comas.

El cuadro siguiente indica las principales funciones y también señala los adverbios que son característicos de estilo formal (F).

FUNCIÓN	ADVERBIOS	SIGNIFICADO
añadir otra idea de apoyo	**also too as well** **moreover(F) furthermore(F)** **in addition**	también además adicionalmente
añadir otra idea que hace contraste	**however(F) still** **nevertheless(F)** **on the other hand**	sin embargo no obstante por otro lado
sugerir una idea alternativa	**alternatively(F)** **otherwise**	alternativamente de otra forma
indicar causa efecto	**so therefore(F)** **thus consequently(F)**	entonces/por esto así que
relacionar ideas de tiempo	**soon then** **afterwards beforehand** **meanwhile**	pronto entonces después antes mientras tanto

II POSICIÓN

Too y **as well** no pueden aparecer en posición inicial; **so** y **thus** como adverbios conectores no pueden ocurrir en posición final; los de tiempo no suelen ir en posición intermedia.

Por lo general, la posición más segura es la inicial, lugar donde claramente hacen la conexión entre una idea y la siguiente.

Exercise 1: Escoja un adverbio de abajo para cada espacio.

alternatively   meanwhile   therefore   in addition   then   however

Today's figures show that the economy is beginning to improve. 1)_____, the number of unemployed is falling. 2)_____, the indications are still tentative and, 3)_____, we must still be very cautious. The government can focus on reducing inflation or, 4)_____, it can stimulate the economy and reduce unemployment. On Monday, the President will make a speech to the nation and 5)_____ we will know his intentions. 6)_____, we can only speculate.

43 | LAS CONJUNCIONES COPULATIVAS

Las conjunciones en inglés, al igual que en español, sirven para relacionar dos partes de una oración. Son de dos tipos: **copulativas** y de **subordinación**. Las copulativas relacionan dos elementos que tienen el mismo valor gramatical (dos adjetivos o dos cláusulas principales, por ejemplo), y pueden consistir en una sola palabra o en dos partes, las que podemos llamar conjunciones dobles.

Las conjunciones tienen diferentes funciones: las copulativas pueden expresar la idea de adición o enumeración, de contraste, de alternativas o de negación, como indica el cuadro:

CONJUNCIÓN	CONJUNCIÓN DOBLE	FUNCIÓN
and	both ... and	adición
	not only ... but also	
but		contraste
or	either ... or	alternativas
nor	neither ... nor	negación

Ejemplos:
1) *John **and** Mary are going to the concert.* ("y")
2) ***Both** John **and** Mary are going.* ("tanto ... como")
3) ***Not only** John **but also** Mary is going.* ("No sólo ...sino también")

Notas: El ejemplo (1) es neutral; el (2) enfatiza que los dos serán los que van; el (3) expresa sorpresa porque también va Mary.

Ejemplos:
4) *John is going to the concert **but** Mary isn't.* ("pero")
5) *John **or** Mary is going to the concert.* ("o")
6) ***Either** John **or** Mary is going to the concert.* ("o ... o")
7) *John isn't going to the concert **nor** is Mary.* ("ni")
8) ***Neither** John **nor** Mary is going to the concert.*("ni..ni")

Nota: En el (7) puede usarse **neither** en lugar de **nor**.

Exercise 1: Complete las oraciones con conjunciones copulativas del cuadro de arriba.

New Mexico 1) _____ Arizona are in the south west of the USA 2) _____ Florida is not, and 3)_____ is Oregon.

- Where's Calexico?
- Well, it's in Mexico 4) _____ California, 5)_____ I'm not sure which.
- What's the capital of Montana?
- It's 6) _____ Butte 7) _____ Billings, I think.
- Well, you're right that 8) _____ Billings 9) _____ Butte are in Montana, but in fact, the capital is 10) _____ Billings 11) _____ Butte; the capital's Helena.

44 | LAS CONJUNCIONES DE SUBORDINACIÓN

Una conjunción de subordinación une a una cláusula principal con una cláusula subordinada. Existen varios tipos de ellas, de las cuales las principales se indican en el cuadro. (Vea también Unidades 27 y 28 para las de comparación.)

FUNCIÓN	CONJUNCIONES	SIGNIFICADO
tiempo	**when; while; as;** **before; after;** **until; since;**	cuando; mientras; antes; después de que; hasta; desde;
lugar	**where; wherever;**	donde; dondequiera;
condición	**if; unless;** **provided; as long as;**	si; a menos que; siempre que; mientras que;
contraste	**although; even though;** **while; whereas;**	aunque; mientras que;
razón	**because; as; since;**	porque; como; dado que;
comparación	**as..as; as if; than;**	tan..como; como si; que;

Notas: **1)** El orden de las cláusulas puede invertirse.
2) Si va primero la cláusula subordinada, se suele poner una coma.

Ejemplos:

Conjunciones de tiempo:

When I got to the airport,the airplane had taken off.
While I was waiting for another flight, I saw Tony.
As I waved, a woman came up to him.
Before he could move, she took out a gun and shot him.
After she had shot him, she ran away.
She kept running until a security officer stopped her.
I haven't seen Tony since I saw them making that movie.

Conjunciones de lugar:

He traveled where no-one else had traveled before.
And he took his camera wherever he went.

Conjunciones de condición:

You should only take an adventure holiday if you are healthy.
You shouldn't go unless you are in top condition.
You will enjoy it provided you follow instructions.
As long as it doesn't snow, we are ready for any weather.

Conjunciones de contraste:

*We enjoyed the holiday **although** it was very tough.*
***Even though** it snowed, we didn't have many problems.*
***While** the boys did well, I think the girls did even better.*
*They saved their energy **whereas** the boys wasted theirs.*

Conjunciones de razón:

*I stopped smoking **because** it is unhealthy.*
***As** my husband doesn't like smoking, he was very happy.*
*Our children are very happy **since** they hate the smell.*

Exercise 1:

Escoja una conjunción del cuadro para cada espacio.

because	if	even though	as	wherever

1)_____ the small boat came into port, I could see that the island was a tropical paradise. I thought that it would be a perfect place and I could spend a few weeks there, 2) _____ I didn't have much money. In any case, I could walk 3)_____ I wanted 4)_____ the island was so small.
5)_____ the immigration authorities didn't stop me, everything would be perfect!

Exercise 2:

Tomando en cuenta el párrafo anterior, una la oración a cinco diferentes terminaciones (B) usando las conjunciones de la columna (A).

	A	**B**
The island would be the perfect place...	1) whereas	a) it was small and remote.
	2) since	b) he could hide.
	3) as long as	c) his money ran out.
	4) until	d) a big island would not.
	5) where	e) they let him enter.

Exercise 3:

Escoja una conjunción para cada espacio.

as if	when	although
unless	where	since

1)_____ the boat stopped I got off slowly. 2)_____ you have experienced a similar situation, you cannot imagine how fast my heart was beating! 3)_____ everything looked very calm, the immigration officers might be waiting for me and 4)_____ the formalities always take a long time in such places, they would have plenty of opportunity to see my face. They certainly behaved 5)_____ they suspected nothing, but at any moment they might recall 6)_____ they had seen my face before. Finally, my turn came. "Ah, Mr. Jones," said the official, "we've been expecting you."

 **EL VERBO "TO BE"
(PRESENTE Y PASADO)**

I FORMA

AFIRMATIVO	NEGATIVO	INTERROGATIVO
I am (was)	I'm not (wasn't)	Am I? (Was I?)
*You are (were)	You aren't (weren't)	Are you? (Were you?)
**He is (was)	He isn't (wasn't)	Is he? (Was he?)
We are (were)	We aren't (weren't)	Are we? (Were we?)
They are (were)	They aren't (weren't)	Are they? (Were they?)

*La forma del verbo es siempre igual para singular y plural.

**He puede sustituirse por she o it.

Exercise 1:

Complete los diálogos con formas del cuadro.

AG: Good morning. 1) _____ you John Brown?

JB: Yes, I 2 _____ . And this 3) _____ my son, Peter.

AG: Hello, Peter. I 4) _____ Alex Green.

PB: Hello, Mr. Green. We 5) _____ late, I hope.

AG: Only five minutes! What 6) _____ those things?

PB: They 7) _____ my suitcases.

AG: Well, here 8) _____ my car. Can I help you with your cases?

PB: That's OK, Mr. Green. They 9) _____ heavy.

C: Hello, Mary. Hello, Petra. How 10) _____ you?

P: Hi, Christine. We 11) _____ fine.

C: How 12) _____ your journey? 13) _____ it horrible?

M: No, it 14) _____ ; it 15) _____ very nice!

C: What about the airplanes? 16) _____ they on time?

P: Yes, they 17) _____ ; everything 18) _____ perfect!

II USOS DEL VERBO "TO BE"

Equivalente en español a "ser" o "estar". Este es el uso principal del verbo **to be**.

Ejemplos: *Lima is the capital of Peru.*
Where is Manaus? It's in northwest Brazil.

Exercise 2:

Complete esta tarjeta postal.

> Dear John,
>
> Today we 1) _____ in Mexico City. The streets 2) _____ full of people and everyone 3) _____ very busy. Mexico City 4) _____ the biggest city in the world and I 5) _____ very happy here. Yesterday we 6 _____ in Oaxaca. Oaxaca 7) _____ a city in the south of Mexico and I 8) _____ very happy there, too! We 9) _____ there for two days. Our hotel in Oaxaca 10) _____ beautiful, our excursion to Monte Albán 11) _____ fantastic and our tour guides there 12) _____ very informative—and very handsome, too!!
>
> Love,   Linda

Equivalente a "tener".

Se utiliza **to be** para expresar edad y con varios adjetivos (**hungry, thirsty, tired, cold, hot**) para expresar estados físicos.

Ejemplos: *My sister is 17 years old.*
Jack and Jill are twins; they are 12.
-I'm thirsty!

Nota: También se emplea **to be** en el sentido de "cumplir":
*-Yesterday **was** my birthday.*
-Really? Congratulations! How old were you?
*-I **was** 21.*

Exercise 3: Relacione las oraciones de la lista A con las de la lista B:

A	B
1 Your father looks very young! 2 I'm cold. 3 Are these very old? 4 My brother's very tired. 5 We're all very hungry. 6 How old was he in 1492?	a Oh, yes. They're more than 500 years old. b There's a restaurant! c Well, he's only 49. d I think he was about forty. e He can sleep here if he wants. f Would you like my sweater?

Equivalente a "hacer" con expresiones referentes al tiempo.

Ejemplos: *It's very hot.*   *It's cold.*   *It's nice weather!*   *It's quite windy.*

Nota: El sujeto en estas expresiones es el **it** impersonal, el cual es invariable y no puede omitirse. (Ver Unidad 10.)

Exercise 4: Conteste estas preguntas:

What is the weather like today?
What was it like yesterday?
Is it hot today?

Equivalente a diferentes verbos al dar información personal.

Exercise 5: Cómo traduciría esta conversación? (Ponga atención especial en las formas enfatizadas.)

-Hi! What**'s** your name?
-It**'s** Dave?
-Gee, you**'re** pretty tall, Dave. How tall **are** you?
-I**'m** about six feet eight.
-Wow! That's about two meters! How old **are** you?
-I**'m** seventeen.
-That's fantastic. Say, how much **were** your tennis shoes?
-They **were** about $100. You ask a lot of questions!

46 | EL PRESENTE SIMPLE

I FORMA

En el afirmativo, se usa la forma base del verbo para todas personas menos para la tercera singular (**he, she, it**), en la que se añade **-s** (o **-es**).

Para formar el negativo e interrogativo se emplea el verbo auxiliar **do** (**does** para tercera persona singular) más la forma base del verbo.

	AFIRMATIVO	**NEGATIVO**	**INTERROGATIVO**
I/you/ we/they	**work**	**do not** (don't) **work**	**Do** you/we/they **work**?
he/she/ it	**works**	**does not** (doesn't) **work**	**Does** he/she/it **work**?

Los verbos que terminan en **-s, -sh, -ch, -x, -z** añaden **-es** en la tercera persona singular.
Ejemplos: *passes   washes   catches   taxes   buzzes*
También se añade **-es** a estos verbos: **do, go.**

Los verbos que terminan en consonante + **y** cambian la **y** por **i** y añaden **-es** en tercera persona: **studies, cries,** etc.

Para contestar preguntas como *Do they work?* se utiliza la forma: **Yes**, *they* **do**. o **No**, *they* **don't**.
(Ver Unidad 6,I.)

II USOS DEL PRESENTE SIMPLE

Para expresar hechos que no dependen de un momento específico en el tiempo.
Ejemplos: *The sun rises in the east.*
                  Gorillas do not eat meat.
                  Do lions attack hyenas? No, they don't

Exercise 1:

Seleccione y adapte un verbo apropiado de la lista para cada oración (utilice las formas negativa e interrogativa donde convenga).

make	live	eat	travel	consist

Penguins 1) _____ in Antarctica, but they 2) _____ in the Arctic.

Light 3) _____ at 186,000 miles per second.

Red and blue together 4) _____ purple.

5) _____ water _____ of hydrogen and oxygen molecules? Yes, it 6) _____ .

7) _____ vegetarians _____ meat? No, they 8) _____ .

Exercise 2:

Responda a estas aseveraciones equivocadas en la forma indicada.

Ejemplo: *Architects design cars.*
Architects don't design cars. They design buildings.

1 Crocodiles live in Canada.

_____.

2 Sugar cane grows in cold climates.

_____.

3 Doctors and nurses usually work in factories.

_____.

4 Brazilians speak Spanish as their first language.

_____.

5 The solar system has twelve planets.

_____.

Para indicar acciones que son repetidas o habituales. En ocasiones se incluye un adverbio de frecuencia (ver Unidad 35) para enfatizar el carácter habitual. Por ejemplo: **always, never, sometimes, usually, invariably, once a week.**

Ejemplos: *People in the United States usually eat lunch at about 12:30.*
John doesn't go to the supermarket on Saturdays.
Do you often play computer games? No, I don't

Exercise 3:

Vea la rutina diaria de Mary por un lado y de David y John por el otro. Complete las preguntas y respuestas.

	MARY	**DAVID / JOHN**
to work	8:15	7:00
job	teach French	drive taxi
lunch	12:30	11:30
after work	study Spanish	watch TV/ play cards
to bed	11:30	midnight

What time 1) _____ Mary _____ to work?

She 2) _____ to work at 8:15.

What 3) _____ David and John do?

They 4) _____ taxis.

What 5) _____ Mary _____ after work?

She 6) _____ Spanish.

7) _____ David and John _____ Spanish? No, they 8) _____.

9) _____ Mary go to bed at 11:30? Yes, she 10) _____.

Exercise 4:

Escriba cinco oraciones sencillas acerca de su rutina diaria.

47 | EL PRESENTE PROGRESIVO

I FORMAS

El presente progresivo se expresa con la forma apropiada del verbo **to be** (ver Unidad 45) más la forma **-ing** (participio presente) del verbo.

	AFIRMATIVO	NEGATIVO	INTERROGATIVO
I	**am** eating	**am not** eating	**Am** I eating?
he/she/it	**is** eating	**is not** eating	**Is** he/she/it eating?
you/we/they	**are** eating	**are not** eating	**Are** you/we/they eating?

Las reglas básicas para deletrear la forma **-ing** son:

a) Añadir **-ing** a la forma base:

   eat+ing   walk+ing   go+ing   agree+ing   cry+ing

b) Si la forma base termina en consonante + **e**, se elimina la **-e** antes de añadir la forma **-ing**:

   drive > driving   dance > dancing   take > taking

c) Si la forma base termina en una sola vocal + consonante, y es de una sola sílaba, se duplica la consonante final:

   run > running   put > putting   stop > stopping

d) Con verbos de tipo (c) de más de una sílaba, se duplica la consonante sólo cuando la sílaba final está acentuada:

   be*gin* *> beginning*   pero: **tra*vel*** *> traveling*

Exercise 1:

Escriba la forma **-ing** de estos verbos.

1 talk _____   2 dry _____

3 come _____   4 make _____

5 cut _____   6 slip _____

7 ad**mit** _____   8 **can**cel _____

II USOS DEL PRESENTE PROGRESIVO

Para describir o explicar acciones que están ocurriendo en el momento de hablar.

Ejemplos: *Look at Mary! She's **dancing** with Fred.*
*The teachers aren't here. They're **attending** a meeting.*

Exercise 2:

Complete las oraciones adaptando el verbo en paréntesis.

1 We want to go for a picnic but it _____ (**rain**).

2 Look! John _____ (**wear**) his new sweater.

3 - What are you doing? - I _____ (**make**) a poster.

4 - Can you two come out? - Sorry. We _____ (**study**).

5 - Where are the boys? - They _____ (**swim**).

Para referirse a una acción que no es permanente pero que ocupa un período más largo que el momento actual (y que quizás no está ocurriendo en el momento de hablar).

Ejemplos: *I'm reading a very good book at the moment.*
Jane's studying Economics at Harvard.
The children are taking part in a school play.

Exercise 3:

Ordene las palabras para crear oraciones. (Dos amigos se encuentran después de mucho tiempo.)

1 days/what/and/doing/these/Mary/are/you/?/

_____

2 running/own/we/business/our/are/./

_____

3 on/still/campus/living/you/are/?/

_____

4 aren't/no/we/,/./ parents/living/we/Mary's/with/are/./

_____

5 you/golf/and/still/playing/are/?/

_____

6 not/no/I'm/,/./ fly/I'm/but/to/learning/!/

_____

Para hablar de situaciones en proceso de cambio.

Ejemplos: *The situation's getting very difficult.*
People are becoming more conscious about pollution.
Americans are eating less red meat than before.

Exercise 4:

Utilice los siguientes verbos para completar el reporte sobre la economía.

begin   find   buy   hire   spend

There's good news on the unemployment front. More people 1) _____
jobs and the people with jobs 2) _____ more money in the stores.
Inflation is still quite low but it 3) _____ to rise. More people
4) _____ houses than a year ago and construction companies
5) _____ more workers.

Para expresar quejas.

Ejemplos: *You're standing on my foot!*
Those children are eating all the cakes!

Nota: El presente progresivo también se utiliza para hablar de arreglos hechos para el futuro.
(Para este uso ver Unidad 52.)

 **EL PRESENTE SIMPLE Y EL PROGRESIVO: CONTRASTES**

Estas dos formas del tiempo presente se trataron individualmente en las Unidades 46 y 47. Las grandes diferencias entre estos dos tiempos se encuentran también en español. Sin embargo, son más marcadas e importantes en inglés.

La principal diferencia se encuentra entre actividades habituales y las que ocurren en el momento de hablar. Quizás el ejemplo más claro sea:

      1) *What does John do? He's an airline pilot.*
      2) *What is John doing? He's cleaning the windows.*

El (1) se refiere a su actividad habitual (su ocupación).
El (2) se refiere a lo que está haciendo en el momento de hablar.

Exercise 1:

Escoja a los tiempos correctos para los verbos en **negritas**.

run   Smith usually 1) _____ in the 1500 meters but today he 2) _____ in the 5000 meters and he 3) _____ very well!

watch   - Why 4) _____ you _____ that children's program? - I always 5) _____ it and Mary often 6) _____ it with me.

make   - What's wrong with John today? He 7) _____ normally _____ any mistakes, but today he 8) _____ a lot!

eat   - What 9) _____ you _____ ? - I 10) _____ an ice cream cone.
            - But you never 11) _____ ice cream! - I 12) _____ it generally, but today is my birthday!

Existe una diferencia más sutil entre las actividades habituales con el presente simple y las actividades temporales con una duración mayor al momento en que se está hablando, para las cuales se utiliza el presente progresivo.

Exercise 2:

Basándose en la información en la tabla, escriba oraciones siguiendo el ejemplo.

NAME	OCCUPATION	PLACE OF WORK	PRESENT FOCUS
Robert	teacher	in a primary school	new Math course
Jan/Linda	dancers	with a ballet group	in Madrid
Tom/Anna	students	at a university / for final exams	
Maria	singer	in a pop group / in Las Vegas	

Ejemplo: *Maria sings in a pop group. At present she is singing in Las Vegas.*

1) Robert _____
_____ .

2) Jan and Linda _____

_____ .

3) Tom and Anna _____

_____ .

En ocasiones depende del punto de vista del que habla. Por ejemplo, si está hablando con alguien desconocido podría decir: *I live in New York.* Pero si está hablando con alguien que le conocía cuando vivía en Los Angeles, es mucho más probable que dijera: *I'm living in New York.*

Hay una serie de verbos que no se emplean en el presente progresivo (llamados **stative verbs**) que causan múltiples dificultades a muchos estudiantes de inglés. Afortunadamente para los hispanoparlantes, se da el mismo fenómeno en español y no les causa mayor problema.

Ejemplos: *I **like** this apple.* (Not **I am liking.**)
*He **wants** his money now!* (Not **He is wanting.**)

Exercise 3: Escoja la forma correcta.

1 **(Do you like/Are you liking)** living in New York?
2 How much **(is this costing/does this cost)**?
3 **(Does that include/Is that including)** sales tax?
4 I **(am thinking/think)** the tax is extra.
5 I **(don't understand/am not understanding)** what this man
   (tells/is telling) me.

Exercise 4: Lea esta conversación telefónica y complétela con las formas apropiadas de los verbos.

eat	write	have	take	call	get up	clean	begin	get

- Hello.

- Hello. Is Jim there?

- Who 1) _____, please?

- This is Jane Welch.

- Hello, Jane. This is Donna. Jim 2)_____ breakfast.

- Breakfast? 3) _____ he always _____breakfast at noon?

- No, but he 4) _____ a book at the moment and he 5) _____

   writing every day at about 6 a.m.

- Wow! What time 6) _____ he _____?

- At 5:45. Then he 7) _____ a shower and 8) _____ a cup of coffee.

- Well, Donna, I'm very busy. I 9) _____ the house and

   I 10) _____ lunch for the children at the same time.

   I'll call back later. 'Bye.

49 | EL PASADO SIMPLE

I FORMA

Con la única excepción del verbo **to be** (**was, were**), los verbos en inglés tienen una sola forma para todas las personas en el pasado simple.

Para la forma afirmativa la mayoría de los verbos añaden **-ed** (o simplemente **-d** si terminan en **-e**) a la forma base.

Ejemplos: *walk > walked   turn > turned   care > cared*

Si terminan en **y**, cambian la **-y** por **-i** antes de añadir **-ed**.
Ejemplos: *study > studied   try > tried   marry > married*

Estos verbos con **-ed** en el pasado simple son los que llamamos **verbos regulares.**

Los otros verbos, los **irregulares,** incluyen muchos de uso muy común: **go > went; eat > ate; see > saw,** etc. (Ver el Apéndice I para una lista de verbos irregulares). No hay reglas sencillas para indicar cómo formar su pasado y la única solución es aprender las formas de memoria y por la práctica constante.

Exercise 1: Relacione las formas del pasado con las formas base de los verbos.

swam	began	ran	woke	cost	lost	won	read
kept	brought	fought	hit	fell	flew	sat

1 fall _____
2 sit _____
3 run _____
4 read _____
5 swim _____

6 wake _____
7 bring _____
8 win _____
9 fly _____
10 keep _____

11 begin _____
12 cost _____
13 fight _____
14 hit _____
15 lose _____

A manera de consuelo, todos los verbos (excluyendo al siempre distinto verbo **to be**) son «regulares» en las formas negativa e interrogativa. Al igual que en el caso del presente simple, estas formas emplean el verbo auxiliar **do** en su forma pasada (**did**), más la forma base del verbo.

	AFIRMATIVO	NEGATIVO	INTERROGATIVO
Verbos regulares	I walked.	He didn't walk.	Did they walk?
	She studied.	We didn't study.	Did you study?
Verbos irregulares	You went.	I didn't go.	Did he go?
	We ate.	She didn't eat.	Did they eat?

Nota: Todos los verbos que son «cognados» o «transparentes» en inglés y español son verbos regulares.
Ejemplos: *include > included   vary > varied   export > exported*

II USO DEL PASADO SIMPLE

Utilizamos el pasado simple para referirnos a eventos y situaciones terminados en el pasado, y sobre todo, cuando hay una expresión adverbial de tiempo.
Ejemplos: *last week   two months ago*

Exercise 2:

Un típico uso del pasado simple es para contar historias. Complete esta historia adaptando los verbos (los verbos que **no** se encuentran anotados en la página anterior son regulares). Para deletrear verbos que terminan <u>en una sola vocal + consonante</u> (**ejemplo:** bat > batted), aplique la regla (c) de la Unidad 47.

start	be	stop	decide	fall	sit down

The tortoise and the hare 1)_____ to have a race. The hare 2)_____ very quickly and soon he 3)_____ a long way in front of the tortoise. He 4)_____ to have a rest. He 5)_____ under a tree and soon he 6)_____ asleep.

pass	wake up	walk	run	arrive	win	cross

The tortoise 7)_____ slowly but steadily and finally he 8)_____ the sleeping hare. Some time later, the tortoise 9)_____ the line and 10)_____ the race. Suddenly, the hare 11)_____ and 12)_____ as fast as possible to the finishing line—but he 13)_____ too late!

Exercise 3:

Otro uso clásico del pasado simple es para hablar de experiencias personales.

Adapte los verbos del cuadro para completar el diálogo. Utilice formas negativas o interrogativas si es necesario. Todos los verbos son regulares.

arrive	stop	love	want	visit	like

Jane: Last week we 1)_____ New York.
Mary: What day 2)_____?
Jane: On Sunday. But we got there very late because our plane 3)_____ at Detroit and Boston.
Mary: 4)_____ New York?
Jane: Oh yes, very much. We 5)_____ it! We 6)_____ to leave!

# 50 EL PASADO PROGRESIVO

I FORMA

El pasado progresivo se expresa con las formas en pasado del verbo **to be** (ver Unidad 45) más la forma **-ing** del verbo (ver Unidad 47 para reglas sobre su ortografía).

AFIRMATIVO	NEGATIVO	INTERROGATIVO
I/he/she/it **was eating**	**was not** (wasn't) **eating**	**Was** I/he/she/it **eating?**
you/we/they **were eating**	**were not** (weren't) **eating**	**Were** you/we/they **eating?**

Exercise 1: Escriba la forma -**ing** de estos verbos.

1 look _____   2 feel _____

3 take _____   4 write _____

5 win _____   6 dig _____

7 sing _____   8 laugh _____

II USOS DEL PASADO PROGRESIVO

Para describir lo que ya estaba ocurriendo en un momento en el pasado.

Ejemplos:

At seven o'clock last night he was playing cards.

We were still talking at midnight.

Exercise 2: Vea lo que hicieron los Johnson y lo que hizo su hijo el sábado pasado. Continúe las oraciones que siguen después del cuadro.

MR & MRS JOHNSON		PETE JOHNSON	
1) 8-8:30	ate breakfast	1) 9-9:15	took a shower
2) 9-10:30	swam	2) 10-noon	played tennis
3) 11-12:30	shopped	3) 2-5	studied at the library
4) 3-5:30	watched a baseball game at the stadium	4) 8-11	listened to music with friends

1 At 8:15 in the morning, Mr. and Mrs. Johnson_____

_____.

2 Susan Johnson telephoned at 9:10 but no one answered because_____

_____

and _____.

3 At 11:30 Mr. and Mrs. Johnson _____

   and Pete _____.

4 Susan telephoned again at 4 o'clock but still no one answered because her brother_____

   _____

   and her parents_____

5 At 10 pm, Susan finally reached her parents, but she couldn't talk to Pete because he_____

   _____.

Una manera de establecer el momento en el pasado es con una cláusula con el verbo en el pasado simple.

Ejemplos: ***When my father arrived,*** *we were eating dinner.*

*He was singing **when the teacher came in.***

Exercise 3: Momentos clave de la historia. Relacione las cláusulas de las dos columnas y escriba cinco oraciones.

1) The Titanic was crossing the Atlantic

2) Columbus was looking for a new route to India

3) Archimedes was taking a bath

4) Newton was sitting under a tree

5) Abraham Lincoln was watching a play

a) when he discovered America.

b) when Wilkes Booth killed him.

c) when an apple fell on his head.

d) when it hit an iceberg.

e) when he shouted "Eureka!"

Por la naturaleza de este tiempo, las acciones expresadas con el pasado progresivo suelen ser de una relativa larga duración.

Ejemplos:

*While I **was waiting** for a bus I **met** Jean.*

*The phone **rang** when I **was having** lunch.*

Exercise 4: Escoja las formas más probables de los verbos.

When I (**1 arrived/was arriving**) at the house, my mother (**2 cooked/was cooking**) lunch. Five minutes later, the two of us (**3 sat/ were sitting**) down to eat when the telephone (**4 rang/was ringing**). While I (**5 talked/ was talking**) on the phone, my brother from Los Angeles (**6 came in/was coming in**). All three of us (**7 had/ were having**) lunch when suddenly a stranger (**8 appeared/was appearing**)!

51 | EL FUTURO : "WILL" Y "GOING TO"

I "WILL": FORMA

En inglés no existe una forma verbal con referencia específica al futuro que corresponda a las formas (**iré; irás; irá**, etc.) en español. En su ausencia, se suele utilizar el verbo auxiliar modal **will** (ver Unidad 65) más la forma base del verbo:

	AFIRMATIVO	NEGATIVO	INTERROGATIVO
Para todas las personas: I/you/ he/she/it/we/they	**will go** ('ll go)	**will not go** (won't go)	**will (you) go?** -Yes, I will. -No, I won't.

Exercise 1:

Complete las siguientes oraciones con una forma de **will** del cuadro arriba y el verbo indicado.

1. (be)

A: Next year Mary 1)_____ eighteen.

B: That's amazing! Is Violet eighteen, too?

A: Oh, no. She 2)_____ eighteen for two more years.

B: And what about the twins? 3)_____ they _____ twenty next year?

A: No, they 4)_____. They were twenty last week.

2. (rain)

A: The weather forecast says it 5)_____ tomorrow, so take a raincoat!

B: That's ridiculous! I'm sure it 6)_____ tomorrow.

A: Well, 7)_____ it _____ this weekend? You're the expert!

B: Yes, it 8)_____! But it 9)_____ tomorrow, believe me!

II "WILL": USOS

Para aseveraciones acerca del futuro:

Ejemplos: *Today's the 25th, so Wednesday **will be** the 27th.*
*I **won't see** you next week. **I'll be** in Boston.*

Para predicciones:

Ejemplos: *Tomorrow the weather **will be** fine.*
*The Rams **won't win** the Superbowl!*

Para decisiones acerca del futuro hechas en el momento:

Ejemplo: A: *I'm going to have a cup of coffee.*
B: *Oh, I'll have one, too.*

(Note la distinción: (A) ya tomó la decisión y expresa su intención con **going to**; (B) toma la decisión en ese momento.)

Nota: El verbo **will** se utiliza para varias funciones comunicativas (ver el Apéndice de Funciones) que no tienen referencia al futuro.

Ejemplos: En peticiones: *Will you **help** me?* (¿Está dispuesto?)
En ofertas: ***I'll get** it for you.* (Yo te lo busco.)
En quejas: *Ed **won't listen** to me.* (No me quiere escuchar.)

94

III "GOING TO": FORMA

La forma **going to** equivale en términos generales al "voy a" en español. Se construye de la siguiente manera.

Sujeto	Forma apropiada del verbo **be**	+	**going to**	+	**forma base del verbo**
I	*am*		*going to*		*swim.*
He	*is*		*going to*		*dive*
They	*are*		*going to*		*play hockey.*

Exercise 2: Complete las oraciones con una forma de **going to** y el verbo apropiado entre los siguientes:

do   have   fly   rain   buy   visit   be   get   drive   tell

a) We 1)_____ chili con carne for dinner.

b) JOE: What 2)_____ you 2)_____ tomorrow?

   KAY: I 3)_____ my grandmother in San Francisco.

   JOE: San Francisco! 4)_____ you 4)_____ there?

   KAY: No, we 5)_____. There's a flight at 7:25.

c) DAN: Look at those clouds! It 6)_____.

   SUE: Yes, and those people out there 7)_____ wet!

d) John 8)_____ a new house near the park , but he 9)_____ his wife.

   It 10)_____ a surprise.

Nota: Por lo general, se evita la expresión **going to go**, prefiriéndose la forma **going to**: *I'm going to a party tonight* en lugar de **I'm going to go to a party tonight.**

IV "GOING TO": USOS

Para intenciones y planes (decisiones ya tomadas; compare con **will**, en la página anterior).
   I'm going to buy a new car next week.
   Mary says she's going to read all Shakespeare's plays.
Para predicciones cuando existe evidencia a mano.
   Look at those crazy drivers.
   They're going to have an accident!
   It's very cold. I think it's going to snow.
Para aseveraciones acerca del futuro, sobre todo cuando se trata de inglés oral.
   Next year's going to be a good one for this town.
   People in the next century are going to have many problems.

Nota: En general se prefiere la forma **will** para el futuro en oraciones condicionales; ver Unidad 57.
   Ejemplo: *If you take the medicine, you'll feel better.*

Exercise 3: Escoja **will** o **going to** para estas oraciones.

1 The forecast says it _____ be fine today.

2 I _____ see a show at 7:30. Do you want to come?

3 In 2010 they _____ celebrate their 50th anniversary.

4 Look at that man! He _____ fall off his bicycle.

5 A: Coffee? B: Er, no. I think I _____ have tea.

EL FUTURO: PRESENTE SIMPLE Y PRESENTE PROGRESIVO

I PRESENTE SIMPLE: FORMA

Para la forma del presente simple, vea la Unidad 46.

II PRESENTE SIMPLE: USOS

El presente simple se puede utilizar con referencia al futuro cuando existe una certeza, y por lo general, en relación con horarios. En español hay una correspondencia directa con este uso del presente simple.

Ejemplos:
- *When **does** your flight **leave**?*
- *At 4:20, and it **arrives** at 7:35.*
- *I can't see you tomorrow because I have an appointment.*

Exercise 1:
Vea el horario y complete la información de los incisos **a**, **b** y **c**.

FLIGHT	DEPARTURE	ARRIVAL
AA51	07:15	12:55
BA491	07:20	14:50
VA216	07:25	11:15

a) Flight AA51 1)_____ at 7:15 tomorrow morning and it 2)_____ at five minutes before one.

b) 3)_____ flight BA491 3)_____ at 7:15 tomorrow? No. It 4)_____ at 7:20.

And what time 5)_____ it 5)_____?

At 2:50 in the afternoon.

c) I need an afternoon flight on Wednesday. Is VA216 OK?

VA216 6)_____ in the afternoon, Madam. 7)_____ at 7:25 in the morning.

En ciertas cláusulas subordinadas (por lo general cláusulas de tiempo [1-3] o cláusulas condicionales [4-6], y ver Unidades 57 y 58) el presente simple es obligatorio, aunque especialmente en las cláusulas de tiempo, puede sustituirse por el presente perfecto (ver Unidad 53). En varios de estos casos suele emplearse una forma del subjuntivo en español.

Ejemplos:
1 *The game will start when/as soon as the rain stops.* (cuando/en cuanto)
2 *After/Before we eat we'll talk.* (antes/después de que)
3 *They won't sit down until the President sits.* (hasta que)
4 *He'll only come if Mary comes, too.* (si)
5 *He won't be happy unless the Royals win.* (a menos que)
6 *I'll take cash in case they don't accept credit cards.* (por si acaso)

Exercise 2:
Relacione las siguientes cláusulas para formar oraciones.

1 If her team wins
2 Unless her team wins
3 She'll be very nervous
4 After the game ends
5 She won't be calm
6 She will relax

A until the game ends.
B she'll be very happy.
C as soon as the game ends.
D she'll be very unhappy.
E in case her team loses.
F she will relax.

III EL PRESENTE PROGRESIVO: FORMA

Para la forma del presente progresivo, vea la Unidad 47.

IV PRESENTE PROGRESIVO: USO

A diferencia del español, la utilización del presente progresivo con referencia al futuro es bastante común en inglés, sobre todo en conversaciones. Se emplea para planes o arreglos futuros menos formales o fijos que los indicados por el presente simple. De hecho, con excepción de los horarios, es más usual utilizar la forma del progresivo en estos contextos.

Ejemplos: *We're having a party tonight. Can you come?*
I'm going to Acapulco for my vacation this year.

Exercise 3:

Complete la siguiente conversación con formas del presente progresivo de los verbos en el cuadro.

serve	meet	play	have	go	work	come

SALLY: Hi, Jane. I 1)_____ a party at my house tomorrow night. Would you and Bill like to come?

JANE: Thanks. We 2)_____ tennis until 6:30. Can we come after that?

SALLY: Sure. I 3)_____ Mexican food. Is that OK for you?

JANE: Mexican food? I love it! Who else 4)_____?

SALLY: Oh, all the usual people—except Dave. He 5)_____ at the office until about 10, he says.

JANE: Anyway, Sally, thanks for the invitation. I have to go. We 6)_____ Bill's mother at 3 o'clock and then we 7)_____ to the shopping mall.

Exercise 4:

Escoja entre las cuatro opciones para el futuro tratadas en esta Unidad y en la Unidad 51 y complete cada oración con formas apropiadas de los verbos entre paréntesis.

a) **(see)**

John's in a rush. It's 5 o'clock and he 1)_____ his doctor at 5:15.

b) **(leave, start)**

Don't be late! We 2)_____ the house at 6:30 because the concert 3)_____ at 7 o'clock.

c) **(buy, get, like, love)**

A: I don't like this car. I 4)_____ another one.

B: What kind 5)_____ you _____?

A: One like yours! Do you think I 6)_____ it?

B: They're really good. I'm sure you 7)_____ it.

d) **(fall)**

Look at that little girl — she 8)_____!

e) **(get, wait)**

A: If we hurry, we 9)_____ to the airport in time.

B: I hope so, because the plane 10)_____ for us!

53 EL PRESENTE PERFECTO

I FORMA

El presente perfecto se forma con el presente del verbo **have** y el participio pasado del verbo principal:

	AFIRMATIVO	NEGATIVO	INTERROGATIVO
I/you/ we/they	**have ('ve) finished**	**have not (haven't) finished**	**Have (you) finished?**
he/she/ it	**has ('s) eaten**	**has not (hasn't) eaten**	**Has (he) eaten?**

Nota: La forma del participio pasado de los verbos regulares (por ejemplo, **finished**) es igual a la forma del pasado (ver Unidad 49); en el caso de los verbos irregulares (por ejemplo, **eaten**) hay una gran variedad de formas, las cuales se encuentran indicadas en la tercera columna del Apéndice 1. (**Nota:** Todos los verbos que son similares a verbos en español [**export**, **describe**, etc.] son regulares.)

Exercise 1: Relacione los participios pasados en el cuadro con los verbos irregulares en la lista.

1 sell _____   2 wear _____

3 break _____   4 write _____

5 buy _____   6 win _____

7 give _____   8 forget _____

9 cut _____ 10 sing _____

won	broken
worn	cut
written	bought
sung	forgotten
sold	given

Exercise 2: Complete las oraciones con las formas apropiadas del verbo **have** (incluyendo negativas interrogativas) y los participios pasados del cuadro de arriba:

1 John _____ _____ application letters for 40 jobs, but he is still unemployed.

2 The Cubs never win! In fact, they _____ _____ the World Series for about 80 years!

3 I know that woman but I _____ _____ her name. My memory is terrible these days.

4 People _____ _____ down much of the tropical rainforests.

5 _____ you _____ your lovely new black dress yet, Mary?

6 Samantha _____ _____ in the same choral society since 1980.

7 The Smiths can't move because they _____ _____ their present house.

8 _____ you _____ the new record by Madonna?

9 Stop playing football in the yard! You _____ _____ three windows this year already!

10 They have been married for 20 years and she _____ _____ him a present every year on their anniversary.

II USOS

En términos generales, el presente perfecto se emplea cuando se desea relacionar de alguna manera algo del pasado con el presente, en especial con la idea de «hasta ahora».

---

a) **Cuando no se estipula cuándo ocurrió algo en el pasado:**
> *Have you (ever) seen the Grand Canyon?*
> *Mary hasn't (has never) been* to Paris.*

(Se puede enfatizar estas ideas con las palabras **ever** y **never**, como se indica entre paréntesis)

b) **Cuando algo empezó en el pasado y continúa hasta el presente**, y en especial con las palabras **for** y **since** (ver Unidad 39). En español se puede emplear el presente para este uso:
> *They have lived in Kansas City since 1987.*
> *How long has he worked in this company?*

c) **Cuando el período especificado sigue vigente:**
> *I've been* to the movies three times this week.*
> *John hasn't had a vacation this year.*

d) **Cuando el evento ocurrió recientemente**, y en particular con palabras como **just, already, yet** y **recently**. En español se puede emplear el pasado para este uso:
> *Have you heard her latest song yet?*
> *I've eaten there two times recently.*

---

*El verbo **to go** tiene dos formas en el presente perfecto: *He has gone to London* significa que no está aquí; y *He has been to London* significa que ha ido y ha regresado. Por esto, si un niño regresa a la casa después de una ausencia inexplicable, su mamá preguntaría: *Where have you been?* mientras que si siguiera ausente, preguntaría *Where has he gone?*

Exercise 3:
Decida por qué las siguientes oraciones están en el presente perfecto (usos a,b,c,d en el cuadro).

1 Have you eaten couscous?
2 She's already seen that movie.
3 Bill has bought two cars this year.
4 I have stayed there every year since 1990.
5 We've done a lot of work this morning.
6 I've known her for years.

Exercise 4:
Traduzca las oraciones del ejercicio anterior.

Nota: Al igual que entre el español de España y el de América Latina, existen ciertas diferencias en el uso del presente perfecto en el inglés norteamericano y el inglés británico, donde el presente perfecto suele ocurrir con más frecuencia.

54 EL PRESENTE PERFECTO Y OTROS TIEMPOS

I EL PRESENTE PERFECTO Y EL PASADO: FORMA

Para la forma del presente perfecto, vea la unidad anterior. Para la del pasado simple, vea la Unidad 49.

II EL PRESENTE PERFECTO Y EL PASADO: USOS

La diferencia principal entre estos dos tiempos es que el pasado simple se asocia con ocasiones específicas en el pasado, mientras que con el presente perfecto no se especifican tales ocasiones:

> A: Have you been to Acapulco? (sin especificar cuándo)
> B: Yes, I have.
> A: When did you go there? (ocasión específica)
> B: I went there last year.
>   o
> B: I've been there three times. (hasta ahora)

Exercise 1: Haga diálogos similares con las siguientes ideas (incluya opciones como en el ejemplo del cuadro).

> **visit Disney World**   **eat snails**   **write a poem**

La última opción en el cuadro sugiere otra distinción clave entre los dos tiempos: la implicación de la idea «hasta ahora» es que la serie puede continuarse («B» podría ir más veces), mientras que el pasado simple implica algo terminado (ya no puede regresar «el año pasado»). El caso más claro es el de alguien que ha muerto o se ha retirado de la actividad a que se refiere, en comparación con alguien que sigue con vida o continúa en la actividad en cuestión.

Exercise 2: Explique la razón por el cambio de tiempo en los siguientes pares de oraciones. (Note la necesidad de establecer el presente para las oraciones.)

(en 1993)
1a George Washington was the first President.
 b Bill Clinton has been President for some time.
2a Chris Evert won the Wimbledon title several times.
 b Steffi Graf has won the title three times.
3a Arthur Ashe won the men's title once.
 b Jim Courier has never won the men's title.

Es sobre todo con el uso del presente perfecto para eventos recientes y con los adverbios **already** y **yet** (el equivalente de **already** en preguntas y oraciones negativas) que se confunde con el uso del pretérito en español.
Ejemplos: *I've already seen that film.* (Ya la vi.)
                Have you seen it yet? (¿Ya la viste?)
Debe aclararse que los gramáticos norteamericanos insisten en el uso del presente perfecto en estos casos, pero que muchos de sus coterráneos también utilizan el pasado simple.

III EL PRESENTE PERFECTO Y EL PRESENTE: USOS

La diferencia entre estos dos tiempos es que el presente perfecto siempre relaciona a algo del pasado con el presente, mientras que el presente (simple o progresivo) no tiene esta función.

Ejemplos: *John **loves** chocolate; in fact, he's always **loved** it.*
*I'm still **painting** this picture. I've **finished** that part, but I **haven't finished** this corner.*

Para los hispanoparlantes existen varias posibles confusiones entre estos dos tiempos:

---

1) Con adverbios como **yet** y **still not**:

I haven't finished yet = I still haven't finished. (Todavia no he terminado.)

2) Con el adverbio **just**:

We've just eaten. (Acabamos de comer.)
John has just left the university. (John acaba de salir de la universidad.)

3) Con las preposiciones **since** (desde) y **for** (desde hace):

Mary has worked in this office since July. (Mary trabaja allí desde julio.)
John has lived in that house for 10 years. (John vive allí desde hace 10 años.)

4) Con números ordinales, cuando se habla de secuencias que son capaces de proseguirse:

This is the third time the President has visited us but it's the first time I've seen him.
(Esta es la tercera vez que nos visita el Presidente pero es la primera vez que lo veo.)

Exercise 3:
Complete las oraciones con los tiempos correctos (presente perfecto, pasado o presente) de los verbos indicados en paréntesis.

[go]   I usually 1) _____ to a restaurant once a month. I 2)_____ to a very nice restaurant last week and, in fact, I 3)_____ to restaurants 3 times this month.

[write]   A: 4)_____ you_____ to your mother yet?
B: Yes. I 5)_____ to her yesterday. You know I always 6)_____ to her on Sundays.

[walk]   A: Good afternoon, Bill. 7)_____ Jack _____ to the office this morning?
B: Yes, and that's the third time he 8)_____ to the office this week.
A: And what about you, Bill? 9)_____ you _____ to the office sometimes?
    It's good exercise, you know!

55 EL PASADO PERFECTO

I FORMA

El pasado perfecto se forma con el pasado del verbo **have** y el participio pasado del verbo principal.

	AFIRMATIVO	NEGATIVO	INTERROGATIVO
Para todas	had ('d)	had not (hadn't)	Had (they)
las	finished	finished	finished?
personas	(eaten)	(eaten)	(eaten)

Nota: Para un ejercicio sobre el participio pasado, vea la Unidad 53.

II USOS

Al igual que en español, una función principal del pasado perfecto en inglés es la de indicar cuál de dos eventos en el pasado antecedió al otro:

> 1 *When we arrived at the station the train had left.*
> 2 *When we arrived at the station the train left.*

La oración (1) indica que llegamos a la estación y no encontramos el tren porque salió (había salido) con anterioridad. La oración (2) indica que primero llegamos a la estación y después salió el tren. Al utilizar la conjunción **when** es necesario usar el pasado perfecto para expresar la secuencia en la oración (1). Existen otras conjunciones (**before, after**) que de por sí indican la secuencia (*Before we arrived, the train [had] left*) y donde el empleo del pasado perfecto es opcional.

Exercise 1: Escoja el tiempo (pasado simple/pasado perfecto) en cada caso para indicar la secuencia probable.

a) When I (**get**) to the office, Mary (**finished**) work and was waiting for me at the door.

b) I (**see**) that they (**eat**) because there (**be**) dirty dishes in the kitchen.

c) John (**arrive**) at the movie theater at 7:30 and (**begin**) reading his book. Mary (**made**) the date for 7:15, but John (**read**) almost the whole book when she finally (**turn up**) at 8:15. Apparently, she (**forget**) the name of the movie theater and (**go**) to a different one on the other side of town.

d) It (**be**) a surprise when the Cubs (**win**) the championship in 1985 because they (**win**) the title since 1946.

El pasado perfecto tiene los mismos usos que el presente perfecto (ver Unidad 53), pero se relaciona con un momento en el pasado en lugar de con el momento de hablar.

a) Cuando no se especifica cuándo ocurrió algo en el pasado anterior a otro momento ya sucedido:
*Had you (ever) **talked** to him?*
*I **hadn't** (had never) **seen** him in my whole life.*

b) Cuando algo empezó en el (ante)pasado y siguió hasta un momento en el pasado:
*He **had been** a member since before the Vietnam War.*
*They **had lived** in the ruined house for 50 years.*

c) Cuando el período especificado seguía vigente:
*We **had met** others in a similar situation that day.*
*She **hadn't seen** him that week.*

d) Con ciertos adverbios como *just, already, still:*
*We **had** just **met** and I still **hadn't had** a drink, but he **had** already **told** me his whole life story.*

Nota: Es importante recordar que el pasado perfecto **no** puede utilizarse en relación con el momento de hablar.

Exercise 2:
Escoja el tiempo (pasado/pasado perfecto/ presente perfecto) para los verbos entre paréntesis en esta conversación.

A: I **(meet)** Brian Harris last week. I **(not talk)** to him before. He **(be)** very strange, I thought.
B: Oh, yes. I **(not see)** Brian for years. In fact, the last time we **(be)** together, he **(just return)** from China. He **(not enjoy)** his stay there very much even though he **(be)** there for about four years. **(ever visit)** you China, Jane?
A: No, but I **(go)** to Japan a few years ago. I **(want)** to go to China then, but I **(visit)** three countries that week and I **(be)** exhausted.

Al igual que en español, el pasado perfecto también es de mucha importancia en el estilo indirecto, donde corresponde a tres distintos tiempos del estilo directo: **el pasado; el presente perfecto; y el mismo pasado perfecto.**

Ejemplos: KATE: *I didn't find the book.*
*Kate said she **hadn't found** the book.*
CHRIS: *I haven't been to China.*
*Chris said he **hadn't been** to China.*
MARY: *We hadn't eaten there before.*
*Mary said they **hadn't eaten** there before.*

Para más información sobre el estilo indirecto, vea Unidades 61 y 62.

El pasado perfecto es importante en oraciones condicionales, donde aparece en la cláusula subordinada de condiciones no-realizables (el llamado «tercer tipo»):

*If I **had known** that, I wouldn't have gone. (But I didn't know, so I did go.)*

Para más información sobre cláusulas condicionales en general, vea Unidades 57 y 58.

56 | EL MODO PROGRESIVO CON LOS TIEMPOS PERFECTOS

I   FORMAS

Las formas del progresivo en inglés se construyen con el verbo **to be** y el participio presente:
> *I am eating.* (Presente progresivo, ver Unidad 47.)
> *He was eating.* (Pasado progresivo, ver Unidad 50.)

De manera similar, el presente perfecto progresivo se construye con el presente perfecto del verbo **to be** y el participio, y el pasado perfecto progresivo se forma con el pasado perfecto del verbo **to be** y el participio:

	AFIRMATIVO	NEGATIVO	INTERROGATIVO
I/you/we/they	have ('ve) been eating	have not (haven't) been eating	Have (they) been eating?
he/she/it	has ('s) been buying	has not (hasn't) been buying	Has (she) been buying?
todas las personas	had ('d) been saying	had not (hadn't) been saying	Had (they) been saying?

Nota: La forma de la contracción para **has ('s)** es igual a la forma de la contracción para **is** y la forma para **had ('d)** es igual a la forma de la contracción para **would** (ver Unidad 58). En base al contexto, se puede decidir en cada caso a cuál de las formas se refiere.

Exercise 1: En base al contexto, identifique las formas completas para las contracciones.

A: John's (1) really happy!
B: Why's (2) that? What's (3) he done?
A: He's (4) changed his job. He'd (5) wanted to change for a long time because he'd (6) been having problems with his boss.
B: What's (7) he doing now?
A: He's (8) working for a movie company.
B: I'd (9) like a job like that! In fact, I'd (10) change tomorrow if I could!

II   USOS

Para los usos del presente perfecto, vea las Unidades 53 y 54; para los usos del pasado perfecto, vea la Unidad 55.

Por lo general, las formas del progresivo se utilizan para indicar una actividad temporal o incompleta. Compare estas dos situaciones:

> A1 *What **have** you **done** today?*
>   2 *I've **written** three letters and I've **cleaned** my room.*
> B1 *What **have** you **been doing** today?*
>   2 *I've **been painting** the house.*

La pregunta A1 implica «¿Qué has logrado hacer?» mientras que la pregunta B2 no implica que algo se haya completado. De manera similar, la contestación A2 indica que las tres cartas y la limpieza se han terminado, mientras que la contestación B2 no sugiere que se haya terminado de pintar la casa.

Exercise 2:
Relacione las formas del presente o pasado perfecto con las oraciones correspondientes.

1 John _____ three fine novels in the past two years.
2 John _____ a novel for years but it's still not finished.
      A) **has been writing**   B) **has written**

3 The United States _____ inexpensive cars for decades.
4 The United States _____ some of the world's great cars.
      C) **has been producing**   D) **has produced**

5 They couldn't drive home because they _____.
6 They couldn't drive home because they _____ a liter of wine.
      E) **had been drinking**   F) **had drunk**

Otro aspecto de las formas del modo progresivo en el presente y el pasado perfecto es que enfatizan más la actividad en sí, mientras que las formas simples enfatizan lo hecho.
Ejemplo: *I've been cleaning the floor. (I'm tired.)*
            I've cleaned the floor. (Look at it now!)

Exercise 3:
Complete las siguientes oraciones con formas apropiadas del presente perfecto o pasado perfecto.

1 I _____ only two cigarettes today. (**smoke**)
2 What's that smell? You _____ again! (**smoke**)
3 When I saw Mary yesterday she _____. (**run**)
4 When I saw Mary she _____ five miles. (**run**)
5 You _____ too much recently. You're getting fat! (**eat**)
6 I _____ my breakfast so I'm leaving. (**eat**)
7 A: The boys were covered in paint when we arrived!
    B: Yes, they _____ pictures. (**paint**)
8 A: You looked very happy when we arrived!
    B: Well, I _____ a very nice picture. (**paint**)

Con ciertos verbos es mucho más común encontrar la forma del progresivo con los tiempos presente y pasado perfectos. Estos incluyen: **wait, expect, hope** (los tres tienen diferentes sentidos de «esperar»); **sit** y **lie**.
Ejemplos:
        *When Mary arrived, John **had been waiting** for hours.*
        *I've **been expecting** a letter but it hasn't come.*
        *For years John **has been hoping** to win the lottery.*
        *By 9 o'clock, Ann **had been sitting** at her typewriter for eight hours.*
        *When the police arrived, the man **had been lying** on the floor for about 15 minutes.*

57 | LAS CLÁUSULAS CONDICIONALES: PRIMER TIPO

Las cláusulas adverbiales de condición suelen iniciarse con la conjunción **if,** equivalente al "si" en español. Existen varias secuencias de tiempos posibles, dependiendo de si es probable o no que se cumpla la condición. En esta unidad tratamos condiciones expresadas con el tiempo presente. Para otros tipos, vea las dos unidades siguientes.

I CONDICIONES SIEMPRE APLICABLES (O UNIVERSALES)

FORMA:

CLÁUSULA CONDICIONAL (tiempo presente)	RESULTADO (tiempo presente)
If you heat a substance,	it expands.
If substances are cooled,	they contract.

Al igual que en español, el **if** en la secuencia presente > presente, tiene el significado de "siempre y cuando", y puede sustituirse por la palabra **when** o **whenever**. (Es posible sustituir **expand** por **will expand** en este tipo de oración sin que tenga sentido de futuro.)

Nota: Se puede invertir el orden de las dos cláusulas aunque la secuencia indicada es la más común.
Al anteponer la cláusula de resultado suele omitirse la coma.

Exercise 1: Relacione las cláusulas en las dos listas.

A	B
1 If you don't heat water enough,	A she feels sick.
2 If you buy in this supermarket,	B you die.
3 If Mary drinks alcohol,	C it won't boil.
4 If John sees a snake,	D you get a discount.
5 If you don't have oxygen,	E he runs a mile.

Es bastante común encontrar una condición de este tipo seguida de un imperativo (o de una expresión funcionalmente similar —vea el Apéndice de "estructuras y funciones"— como **must** o **should**). Para más información sobre imperativos, vea la Unidad 63; para **must** y **should**, vea la Unidad 67.

Exercise 2: Ordene las palabras para formar oraciones.

1 machine/light/comes on/don't/if/the/the/use/red/./. /

_____

2 auto/have/you/you/report/police/accident/if/an/the/to/ must/it/././

_____

3 snake/if/you/get/quickly/bites/help/a/././

_____

4 storm/there/should/playing/is/if/you/stop/a/././

_____

II CONDICIÓN + RESULTADO EN EL FUTURO

Esta secuencia implica que es probable, o por lo menos posible, que la condición se cumpla con un resultado a futuro. Esta secuencia es la que suele llamarse «el primer tipo» de oración condicional:

CLÁUSULA CONDICIONAL (tiempo presente)	RESULTADO (tiempo futuro)
If you do that again, If it doesn't rain,	I'll scream! we'll play tennis.

Nota: En esta secuencia **if** no es equivalente a **when**, lo cual implicaría que con seguridad la condición se cumplirá: *When midnight comes, everyone will celebrate the New Year.*

Exercise 3: Escoja un verbo y la forma apropiada para cada espacio.

1 **see/give**

If I _____ Mary, I _____ her your message.

2 **(not) pass/(not) study**

If you _____ harder, you _____ your exam.

3 **live/(not) smoke**

You _____ longer if you _____.

4 **suffer/(not) save**

If we _____ the rainforests, the environment _____.

5 **go/find**

If you _____ to the intersection, you _____ the the hotel on the right.

6 **give/buy**

_____ you _____ the drinks if I _____ you the money?

7 **(not) eat/lose**

If you _____ a sufficent amount of food each day, you _____ weight.

8 **read/improve**

Your English _____ if you _____ books and magazines in that language.

9 **spend/(not) have**

If you _____ more money than you earn, you _____ enough to take care of your family.

10 **learn/get**

If you _____ to type, you _____ a better job.

Recuerde que, al igual que en español, no es posible utilizar el tiempo futuro en la cláusula condicional (ver también Unidad 52,IIb) aunque sí es posible en ocasiones utilizar el presente perfecto (ver Unidad 53):

*If you **haven't read** the book, you **won't understand**.*

o el presente progresivo (ver Unidad 47):

*If she **is following** the doctor's orders, she'll soon feel better.*

58 | LAS CLÁUSULAS CONDICIONALES: OTROS TIPOS

I EL SEGUNDO TIPO: CONDICIONES HIPOTÉTICAS

CLÁUSULA CONDICIONAL (tiempo pasado)	RESULTADO (forma condicional)
If they **found** it,	they **would be** happy.
If I **were*** you,	I**'d buy** the big one.

Nota: El único verbo que tiene una forma distinta al pasado en este tipo de cláusula es el verbo **to be**, 1a y 3a persona, donde **were** suele reemplazar a **was**. Sin embargo, el pasado simple en cláusulas condicionales en inglés es equivalente al subjuntivo en español, porque se refiere al **presente** y no al pasado. (ver Unidad 64,II)

USOS: Las dos oraciones en el cuadro representan los diferentes usos comunes de esta estructura:
   a) Para hablar de qué pasaría en la (más o menos remota) eventualidad de que se cumpla la condición. Este caso es paralelo al primer tipo (ver Unidad 57) pero enfatiza más la improbabilidad.
   b) Para especular sobre condiciones altamente improbables (o, como en el ejemplo del cuadro, imposibles). (Es la secuencia de los sueños):

   What would you do if you had a million dollars?
   If I won the lottery, I would quit this job!

Exercise 1:

Escoja un verbo y la forma apropiada para cada espacio (para formas en pasado de verbos irregulares, vea la lista en la página 128).

1 **do/win**
   What _____ you _____ if you _____ the lottery?
2 **find/take**
   If you _____ $100, _____ you _____ it to the police?
3 **earn/take**
   _____ you _____ more money if you _____ that job?
4 **add/have**
   If I _____ a bigger yard, I _____ a basketball court.
5 **be/write**
   Your work _____ easier to read if you _____ more clearly.

Exercise 2:

Escriba cinco oraciones completas en respuesta a la siguiente pregunta.

What would you do if you had a million dollars?

Nota: Otra secuencia posible es pasado > pasado.
Ejemplo: *If the Spanish conquistadors **destroyed** a pre-Columbian temple, they often **built** a church on the site.*
Esta es simplemente una versión de la condicional universal con referencia al pasado (ver Unidad 57-I).

II EL TERCER TIPO: CONDICIONES HIPOTÉTICAS EN EL PASADO

La secuencia clásica del "tercer tipo" de oración condicional es:

CLÁUSULA CONDICIONAL (tiempo pasado perfecto)	RESULTADO (forma condicional perfecto)
If he hadn't missed the field goal,	the Bills would have won the Super Bowl.

Aquí la condición se refiere al pasado, el cual se expresa en oraciones condicionales con el pasado perfecto (ver Unidad 55). En español el equivalente es de nuevo una forma del subjuntivo (ver Unidad 64,II). En cuanto al resultado, el cual también se refiere al pasado, el **would** puede sustituirse por cualquier auxiliar modal, **should**, **might**, etc., ver Unidad 65,II) aunque cada auxiliar modal conlleva un significado distinto.

Con referencia a la oración que aparece en el cuadro, cabe hacerse estas preguntas: 1) *¿El pateador falló el gol de campo?* –Sí; 2) *¿Ganaron los Bills el Super Tazón?* –No.
En esta secuencia, la condición en el pasado no se cumplió y el resultado no se logró. Como se ha dicho, tales oraciones representan ¡*"reflexiones para después de la muerte"*!

Exercise 3: Lea las oraciones y conteste las preguntas "sí" o "no".

a *If he hadn't eaten that food, he wouldn't have been sick.*
   1) ¿Se comió el alimento?   2) ¿Se puso enfermo?
b *If they had gone to the game, they wouldn't have met Mary.*
   3) ¿Asistieron al juego?   4) ¿Vieron a Mary?
c *If I had gotten one more number right, I would've won the lottery!*
   5) ¿Atiné el último número?   6) ¿Gané la lotería?

Exercise 4: Escoja un verbo y la forma apropiada para cada espacio, utilizando el condicional del "tercer tipo":

1 **know/come**
   If I _____ that, I _____ to this meeting.
2 **buy/have**
   Mary _____ the house if she _____ the money.
3 **made/tell**
   Sam _____ a cake if you _____ him that there was going to be a party.
4 **write/give**
   If someone _____ me your address, I _____ to you sooner.
5 **ask/take**
   Jim _____ some photographs if you _____him.

Una variante del tercer tipo ocurre cuando la condición no se cumplió en el pasado y el resultado se transfiere al presente:

*If I **had won** the lottery last year, I **would be** rich now.*

59 | LA VOZ PASIVA: FORMAS

En inglés se utiliza la voz pasiva más frecuentemente y en una variedad de circunstancias más amplia que en español, el cual recurre a menudo a otras estructuras para comunicar las ideas. Entonces, no parece exagerado decir que la voz pasiva es "más importante" en inglés.

En esta unidad se trata la forma de la voz pasiva para los diferentes tiempos. En todos los casos consiste en una forma del verbo **to be** y el participio pasado del verbo principal. Los usos de la voz pasiva se tratan en la siguiente unidad.

El objeto de la oración activa es el que toma la posición del sujeto en la voz pasiva:

ACTIVA	The dog	**bit**	the man.
PASIVA	The man	**was bitten**	by the dog.

Por esto, sólo los verbos transitivos (ver Unidad 2) pueden ocurrir en la voz pasiva. Si el sujeto de la oración activa (**the dog** en el cuadro arriba) se incluye como "agente" en la oración pasiva, se antepone la preposición **BY**, equivalente a "por" en español. No siempre se incluye, como puede verse en el siguiente cuadro.

FORMA PARA EL PRESENTE SIMPLE:

I	**am taught**	English by Mr. Jones.
You	**are invited**	to a party this Saturday.
Coffee	**is exported**	from a number of countries.
We	**are driven**	to work by a friend on Mondays.
Books	**are printed**	very efficiently these days.

Exercise 1:

Traduzca las cinco oraciones del cuadro. ¿En cuántas de ellas utilizaría la voz pasiva en español? ¿En cuántas sería **posible** la voz pasiva?

Exercise 2:

Complete las siguientes oraciones con la forma correcta del verbo entre paréntesis (utilice **was** o **were** donde se requiere el pasado).

1 Many goods _____ for export in China these days. **(produce)**

2 Mexican Independence Day _____ on September 16th every year. **(celebrate)**

3 Today, English _____ as a first language in about a dozen countries. **(speak)**

4 In 1992, the Olympic Games _____ in Barcelona. **(hold)**

5 In the 11th century, America _____ by Norse sailors. **(visit)**

6 "Romeo and Juliet" _____ by William Shakespeare. **(write)**

FORMAS PARA OTROS TIEMPOS Y CON VERBOS AUXILIARES MODALES

	ACTIVA	**PASIVA**
TIEMPOS SIMPLES	They **build** walls of stone.	Their walls **are built** of stone.
	Thieves **stole** the money.	The money **was stolen**.
TIEMPOS PERFECTOS	They **have done** the work.	The work **has been done**.
	They **had fought** a battle.	The battle **had been fought**.
FORMAS PROGRESIVAS	Shops **are raising** prices.	Prices **are being raised**.
	They **were attacking** it.	It **was being attacked**.
CON VERBOS AUXILIARES MODALES	We **couldn't repair** it.	It **couldn't be repaired** by us.
	People **might buy** them.	They **might be bought**.

Exercise 3:

Complete las oraciones con la forma pasiva del verbo en negritas.
(Para los participios pasados de verbos irregulares, vea las páginas 128 a 131.)

1 Many immigrant groups in the USA **speak** languages different from English, but English
_____ in all parts of the union.

2 You can **see** reproductions of the artist's work here, and the originals _____ in the
Museum of Modern Art.

3 As I **am delivering** this message to you, the same message _____ all over the country by
other members of the government.

4 We **have found** cures for many diseases but so far no cure_____ for many kinds of cancer.

5 You **must write** your answers clearly, and all notes _____ on the examination paper
provided.

6 Edmund Halley **observed** the comet which is named after him in 1705 and it _____ again
76 years later, in 1781.

7 While the crowd in the stadium was watching the opening ceremony of the Olympic Games, the same
ceremony _____ by billions of people all over the world on television.

8 We **had not taken** the car with us when we left, but it was obvious when we came back that it
_____by someone.

Exercise 4:

Adapte un verbo de abajo para cada espacio:

cultivate   **sung**   **eat**   **teach**   **buy**

1 English _____ in schools and institutes everywhere.

2 Maize _____ in the Valley of Mexico 10,000 years ago.

3 Turkeys _____ at Thanksgiving since the first celebration in the 1620s.

4 Tickets for the performance may _____ at ticket offices throughout the city.

5 When we arrived at the stadium everyone was standing because the National Anthem _____.

60 | LA VOZ PASIVA: USOS

En esta unidad se tratan varios usos de la voz pasiva en inglés, con especial énfasis en los que difieren del español. Para información sobre las formas de la voz pasiva vea la unidad 59.

En general hay dos razones para utilizar la voz pasiva en inglés:

a) Porque no nos interesa quién hace una acción. En esta oración, por ejemplo: *Several thousand people were killed on our roads last year*, nos interesa el número de victimas, no quién los mató.

b) Porque queremos dar especial énfasis al "agente". Por ejemplo: *The play 'Death of a Salesman' was written by Arthur Miller*, pone más énfasis en quién fue el autor que la versión activa: *Arthur Miller wrote 'Death of a Salesman'*.

I   LA VOZ PASIVA POSIBLE EN ESPAÑOL

Todas las ocurrencias de la voz pasiva en el ejercicio 1 podrían también expresarse con la voz pasiva en español. Sin embargo, es más probable en cada caso, que se empleara una construcción impersonal con "se...": "debe considerse"; "se habían basado", etc.

Exercise 1:
Decida si el verbo en cada caso debe estar en la voz activa o pasiva y complete las oraciones con los verbos entre paréntesis.

a) In his time, some people 1)_____ Charles Darwin a threat to current beliefs, but he must 2)_____ one of the greatest scientists of the 19th century. **(consider)**

b) Darwin 3) _____ his theory of natural selection on detailed observations made in the Galapagos Islands while most earlier creation theories 4) _____ on the first book of the Bible. **(base)**

c) His book "The Origin of Species" 5) _____ in 1859 and, although many books 6) _____ on the subject since then, Darwin's book remains a classic. **(publish)**

d) All copies of the first edition 7) _____ on the first day of publication and millions of copies 8)_____ since then. **(sell)**

e) It is a strange fact that although Darwin's theory 9)_____ by millions of people in his lifetime, his loving wife Emma never completely 10)_____ it. **(accept)**

II   LA VOZ PASIVA Y EL OBJETO INDIRECTO

En la oración *My parents gave me a bike for my birthday*, **me** es el objeto indirecto (ver Unidad 3). Podrían darse circunstancias en que se quiera mencionar el regalo sin mencionar al donante. En español, la manera más fácil de lograr esto sería con la expresión "Me dieron.."

En inglés, la manera normal sería tomando al objeto indirecto como sujeto, algo imposible en español:
  *I **was given** a bicycle for my birthday.*

Exercise 2:

Ordene las palabras para formar oraciones.

1 a/children/told/always/bedtime story/the/were/./

_____

2 members/a/the/been/letter/sent/have/all/./

_____

3 number/you/asked/a/of/will/questions/be/./

_____

4 lenders/owed/money/the/a/large/of/very/sum/are/./

_____

5 been/our/promised/had/freedom/we/./

_____

III LA VOZ PASIVA CON CLÁUSULA COMO OBJETO

Al igual que en español, hay un número de verbos en inglés que pueden tomar una cláusula como objeto.

Ejemplos: *The public knew that the story was false.*
Most people think that Smith will win the election.

Para dar un tono más formal e impersonal, estas oraciones pueden expresarse con la voz pasiva, algo que en español se haría con "se...".

*It **was known** that the story was false.*
*It **is** widely **thought** that Smith will win the election.*

Nota: Para más información sobre **it** como sujeto explícito vea la Unidad 10-I.

Exercise 3:

Escriba las oraciones de nuevo, empezando con **it** en cada caso. ¿Cómo traduciría esta frase intoductoria?

1 Everyone hopes that the war will soon come to an end.

_____ .

2 Scientists have discovered that wine can be good for you.

_____ .

3 People will say that the marriage is finished.

_____ .

4 People might think that you have betrayed your country.

_____ .

5 Some people had suggested that a new group be formed.

_____ .

IV LA VOZ PASIVA CON "ÓRDENES INDIRECTAS"

La estructura en inglés para reportar órdenes, invitaciones, etc. es muy distinta al español:

Go to bed, John.   *His mother told John to go to bed.*

Para más información vea la unidad 62-IV.

Si queremos enfatizar lo que le dijeron a John sin preocuparnos por quién lo dijo, podemos tomar al objeto (John) como sujeto de una oración en voz pasiva:

*John **was told/ordered/persuaded/encouraged** to go to bed.*

61 | ESTILO INDIRECTO: CAMBIOS DE TIEMPO Y DE ORDEN

La diferencia entre el estilo directo y el indirecto es que en el primero se utilizan textualmente las palabras que alguien dijo (y si el reporte es por escrito se les pone entre comillas), mientras que en el segundo se efectúan varios cambios.

I CAMBIOS DE TIEMPO

En la gran mayoría de los casos, el verbo que introduce al reporte va en el tiempo pasado:

> MR. JONES: *The crossword **is** very difficult.*
> *My father **said** that the crossword **was** very difficult.*

Como se puede ver, el tiempo de la oración cambia del presente al pasado. Los otros tiempos cambian como se indica en el siguiente cuadro:

Changes to	
PRESENT	**PAST**
I **like** oranges.	He said that he **liked** oranges.
She's **working**.	He said she **was working**.
PRESENT PERFECT	**PAST PERFECT**
John **has finished**.	They said John **had finished**.
I've **been working**.	John said he **had been working**.
PAST	**PAST PERFECT**
I **met** Peter.	He said that he **had met** Peter.
We **were eating**.	They said they **had been eating**.
PAST PERFECT	**[NO CHANGE] =PAST PERFECT**
Peter **hadn't eaten**.	She said Peter **hadn't eaten**.
FUTURE	**CONDITIONAL**
It **will rain**.	Mary said that it **would rain**.

Nota: A diferencia del español, en inglés se puede omitir la palabra introductoria (**that**) en la cláusula que sigue al verbo.

Exercise 1:

Complete las oraciones en estilo indirecto.

1 JOHN: I saw a flying saucer.

John said _____ .

2 WEATHERMAN: The weather will be sunny and warm.

The weather forecast said _____ .

3 MARY: I'm enjoying the movie, John.

Mary told John _____ .

4 DAVID: I know it's difficult, Jane.

David told Jane _____ .

5 PETER: We had stopped the car beside the road.

Peter said they _____ .

Los auxiliares modales (ver Unidades 65-67) se comportan en formas distintas en el estilo indirecto:

> **will, can** y **may** cambian a **would, could** y **might**
> **must, should** y **ought to** no cambian su forma
> **would, might** y **could** no cambian su forma

Exercise 2:   Complete las oraciones en estilo indirecto.

1 FATHER: You can take the car if you like.

   My father said I _____.

2 MARY: Those children ought to be more careful.

   Mary said _____.

3 MOTHER: You mustn't play with the fire.

   Our mother said that we _____.

4 TOM: I'll take the dog out for a walk.

   Tom said _____.

II   LAS PREGUNTAS EN ESTILO INDIRECTO

Un aspecto del estilo indirecto que suele causar dificultades para los hispanoparlantes es el cambio de orden en el reporte de las preguntas. Estas son de dos tipos:

a) Las que se hacen **con las formas interrogativas de los verbos** en sus diferentes tiempos (las llamadas **"yes/no"** questions, porque requieren este tipo de respuesta)
   Ejemplos: *Do you like avocados? Are you having fun?*

b) Las que empiezan **con palabras interrogativas** (las preguntas "informáticas") y que a su vez se dividen en
   i) preguntas donde la palabra interrogativa es el sujeto
   Ejemplo: *Who likes avocados?* (sujeto **who**) y
   ii) preguntas donde no es parte del sujeto.
   Ejemplos: *What does Mary like? Where is Mary staying?* (sujeto: **"Mary"**)
   (Para más información vea la unidad 4).

En el siguiente cuadro se puede observar que el tipo a) se introduce con **if** (o **whether**); se vuelve a la forma afirmativa, y por esto se omite el auxiliar **do**.
El tipo b(i) no sufre cambio de orden porque no hay inversión en la pregunta directa tampoco.
El tipo b(ii) vuelve a la forma afirmativa, y por ello se omite el auxiliar **do**. En todos los casos se omite el signo de interrogación y se efectúa el cambio de tiempo.

Do you like avocados?	He asked me **if I liked** avocados.
Are they having fun?	She asked **if they were** having fun.
Who likes avocados?	He asked **who liked** avocados.
What **does** Mary **like**?	He asked what **Mary liked.**
Where **is** Mary **staying**?	He asked where **Mary was** staying.

Exercise 3:   Complete las oraciones en estilo indirecto.

1 MARY: Does Peter speak French?

   Mary asked me _____.

2 JOHN: Is Jack studying Chinese?

   John asked me _____.

3 JOHN: Which team will win the World Series?

   John asked Mary _____.

4 MARY: When does Jack have his vacation?

   Mary asked me_____.

5 JOHN: What has Peter been studying?

   John asked Mary _____.

 **EL ESTILO INDIRECTO: OTROS CAMBIOS**

En la Unidad 61 se trataron los cambios de tiempo y de orden de las preguntas en estilo indirecto. En ésta enfocamos los cambios de pronombres (ver Unidad 20), los cambios en ciertos adverbios y demostrativos, los imperativos en estilo indirecto y los verbos introductorios para dicho estilo.

I   LOS PRONOMBRES

Por lo general, los pronombres para la primera y segunda persona (**I, you** [singular], **we, you** [plural]) cambian a tercera persona (**he, she, they**).

Ejemplos: JOHN: *I like New York.*   MARY: *I like L.A.*
John said he liked New York.   Mary said she liked L.A.

Los cambios son lógicos y dependen de quien hace el reporte.
En los ejemplos anteriores otra persona es quien lo reporta. Pero éste no sería siempre el caso. Por ejemplo, John mismo podría decir:
***I** said **I** liked New York.* y Mary podría responder:
*And **I** said **I** liked L.A.*

Los cambios de pronombres personales que se hacen son lógicos: ¡el problema para los hispanoparlantes es que en español se suelen omitir por completo!

Exercise 1:   Complete el reporte del diálogo.

> Mary: I need a new coat.
> John: What color do you want to get?
> Mary: I think I'll get a dark blue one.
> John: Do you mean like my suit?
> Mary: Yes, I do. Then we would be coordinated!

Nota: En estilo indirecto se omite **yes** y **no**.

Mary said _____ and John asked her _____.   Mary said _____ and John asked _____.

Mary said _____ because then _____.

Exercise 2:   Reporte el diálogo como Mary lo haría al hablar con una amiga. Empieza "I told John..."

II   ADVERBIOS Y DEMOSTRATIVOS

Hay ciertos adverbios y demostrativos asociados con las ideas de **here** y **now** que cambian al reportarse a las ideas de **there** y **then**. De nuevo, los cambios son lógicos porque lo que es **here** para él que habla no es necesariamente el mismo lugar cuando se hace un reporte, ni sigue siendo **now** el mismo momento. De la misma manera, lo que es **this** para él que habla, llega a ser **that** en un reporte.

Ejemplos: HENRY: *We must make a decision **here** and **now**.*
*He said they must make a decision **there** and **then**.*
ANN: *I don't like **this** idea or **these** proposals.*
*She said she didn't like **that** idea or **those** proposals.*

El siguiente cuadro resume los cambios principales de este tipo.

TIEMPO			LUGAR Y DEMOSTRATIVOS		
today	>	that day	here	>	there
tomorrow	>	the next day	this	>	that
yesterday	>	the previous day	these	>	those
now	>	then/at that time			

Exercise 3:

Escriba el diálogo original en el que está basado el siguiente reporte.

John asked Mary what she was going to do that day, and she said she would do the same as she had done the day before and the same as she would be doing the next day. He asked her if she didn't like it there and she said she didn't like that house or all those questions!

John: _____?
Mary: _____.
John: _____?
Mary: _____.

III LOS VERBOS INTRODUCTORIOS

Hemos utilizado solamente tres verbos para introducir el estilo indirecto: **say** y **tell** para reportar aseveraciones y **ask** para reportar preguntas (es importante NO utilizar **say** o **tell** con preguntas). Note la diferencia entre las estructuras que siguen a **say** (siguen las palabras reportadas) y a **tell** (suele seguir un objeto indirecto personal):

> She **said** she was very happy.
> She **told us** she was very happy.

Sin embargo, al igual que en español, hay toda una variedad de posibles verbos introductorios, los cuales pueden reflejar la función de la oración (para más información sobre las funciones vea el Apéndice de Estructuras y Funciones Comunicativas en la página 130). Se incluyen, entre muchos otros a:

inquire   complain   remark   advise   invite   order

IV EL IMPERATIVO EN ESTILO INDIRECTO

El imperativo se expresa en estilo indirecto con un infinitivo: *(Please) Be quiet.   She (asked) told them **to be** quiet.* Esta estructura es muy distinta al subjuntivo que se utiliza en español, y no cambia de forma si cambia el tiempo del verbo introductorio:

> **Don't speak!**   She is telling them **not to** speak.

Para más información sobre el imperativo, vea la Unidad 63.
Existen unos cuarenta verbos en inglés que pueden usarse con la misma estructura de **tell** y **ask** y que permiten mucha flexibilidad como verbos introductorios.
Ejemplos: *Have a drink!   She **invited him to have** a drink.*
      *I wouldn't buy it.   He **advised her not to buy** it.*

 EL IMPERATIVO

I   FORMA

El imperativo en inglés es más sencillo en cuanto a su estructura que su equivalente en español: hay una sola forma para cada verbo, la cual siempre es la forma base del mismo (el infinitivo sin **to**), mientras que para la prohibición, (la forma negativa), siempre se le antepone **don't**:

VERB	IMPERATIVE	NEGATIVE
to be	**Be** good!	**Don't be** naughty!
to eat	**Eat** your food!	**Don't eat** that!

Nota: No es obligatorio poner el signo de exclamación después del imperativo.

Exercise 1:

Escoja un imperativo del siguiente cuadro para cada espacio.   Utilice **don't** cuando sea apropiado.

cross   eat   buy   drop   forget   smoke   keep   drink

1 Please _____ pipes or cigars during the flight.

2 _____ Pepsi Cola! It's ice-cold!

3 _____ at Joe's! It's the best restaurant in town!

4 _____ the road when the light is red.

5 _____ your lottery tickets here!

6 _____ our town tidy!   7 Please _____ litter.

8 _____ to take your belongings with you when you go.

II   USOS

El uso más obvio del imperativo, por el mismo nombre de la estructura, es para dar órdenes o instrucciones. Sin embargo, si se considera el ejercicio 1, se entenderá que la mayoría de los ejemplos no constituyen órdenes sino sugerencias, avisos, peticiones, etc. De hecho, puede sonar algo brusco utilizar el imperativo en una situación donde se interpretaría como una orden.

Exercise 2:

Relacione las oraciones de la primera lista con las funciones en la segunda.

1) Have another drink!   a) una instrucción
2) Come on, Joe! You can win!   b) un consejo
3) Please don't do that.   c) un ofrecimiento
4) Come in!   d) un aliento
5) Lie down and you'll feel better. e) una petición
6) Now plug in the switch.   f) una orden
7) Go see that movie!   g) una invitación
8) Stop doing that immediately! h) una sugerencia

III LET'S + VERBO

Otra manera de hacer sugerencias, la cual puede compararse con el imperativo es **Let's,** que se antepone a la forma base del verbo: *Let's go:* ¡Vámonos!   *Let's eat:* ¡Comamos!

64 | EL SUBJUNTIVO Y EL "PASADO IRREAL"

I EL SUBJUNTIVO

El subjuntivo es muchísimo más raro en inglés que en español y tan es así, que casi pasa desapercibido por los que hablan inglés como lengua materna y por los hispanoparlantes. Sobrevive en unas frases tradicionales:

Long **live** the President!	(¡Viva el presidente!)
Bless you!	(¡Que Dios le bendiga!)
Thank God!	(¡Que Dios sea agradecido!)
Allah **be** praised!	(¡Que Allah sea alabado!)

Nota: La tercera expresión **no** puede ser *Thanks God*, el cual suena muy extraño porque no significaría "Gracias a Dios" sino "Gracias, Dios".

Como se puede ver, la estructura del subjuntivo es la forma base del verbo (el infinitivo sin **to**). También se puede utilizar en una cláusula que empiece con **that** después de un número limitado de verbos y adjetivos que expresan intenciones o proposiciones acerca del futuro.
Ejemplos:

I insist that he **go** immediately.
We suggest that he **stay** until tomorrow.
We propose that he **be** elected President
It is imperative that he **escape**.

II EL "PASADO IRREAL"

Lo que sí se utiliza con ciertas expresiones en inglés, donde en español se usaría una forma del subjuntivo es un cambio de tiempo **del presente al pasado**, aun cuando la referencia sea al presente.
Ejemplos:

I wish I **had** the money now!
Imagine we **were** in Acapulco now!
If only today **were*** Friday!

*El único ejemplo en inglés de una forma específica para el subjuntivo —aunque hoy en día hay una tendencia a usar **was.**
El cambio de tiempo con las mismas expresiones también funciona del pasado al pasado perfecto y del futuro con **will** a **would.**
Ejemplos:

I wish I **had seen** the game yesterday.
If only you **would help** me tomorrow!

El clásico ejemplo de este "pasado irreal" en sus diferentes variaciones son las oraciones condicionales (ver Unidad 58), en donde los cambios de tiempo en inglés para los condicionales hipotéticos corresponden a las diferentes formas del subjuntivo en español.

LOS VERBOS AUXILIARES MODALES: CARACTERÍSTICAS GENERALES

Los verbos modales son de gran importancia en inglés y tienen una serie de características que los diferencian de otros verbos. Los principales verbos en este grupo son:

can	**will**	**may**	**must**	**ought to**
could	**would**	**might**	**should**	**(shall)**

Nota: shall se usa casi exclusivamente en inglés británico y aun allá se tiende a remplazarlo por **will**. En inglés norteamericano se utiliza únicamente para hacer sugerencias: *Shall we go to the movies?*

I CARACTERÍSTICAS DE LOS VERBOS MODALES

A diferencia del español, son verbos **"defectivos"**, es decir, les faltan elementos que caracterizan a otros verbos, a saber:

> **No** añaden **-s** en tercera persona: **he may** y no ***he mays***
> **No** tienen la forma **-ing**: no se puede decir ***woulding***
> **No** tienen **participio pasado**: no se puede decir ***mayed***
> **No** tienen un **infinitivo** con "to": no existe **to must**
> **No** tienen formas para **otros tiempos** que presente/pasado.

Por contraste, en español sí existen las formas "puedes", "pudiendo" "podido", "poder" y "podré", etc. en los verbos equivalentes .

Nota: No se confunda con el verbo **to can:** éste significa ¡enlatar!, no es un verbo modal y por esto, sí tiene las características de un verbo normal.

En muchos otros aspectos, los auxiliares modales actúan como los otros verbos auxiliares (**be, have** y **do**), los cuales ayudan a formar los tiempos, aunque los modales tienen más sentido semántico que éstos:

En oraciones negativas, la palabra **not** sigue al verbo auxiliar y no lo antecede como en español:

> I'm **not** working this afternoon.
> We haven**'t** finished our discussion.
> The Cubs did**n't** get to the World Series.
> You **shouldn't** swim after eating a heavy meal.

En preguntas se invierten con el sujeto y funcionan en lugar de la frase entera en respuestas "cortas", un atributo que no tienen los verbos en español. (Ver Unidad 6.)

Are you coming with us?	Yes, **we are.**
Have you seen that movie?	No, **I haven't.**
Did you go to L.A. yesterday?	No, **I didn't**.
CAN you play the piano?	Yes, **I CAN.**

Nota: En las preguntas "informáticas" también aparecen en la misma posición que los otros verbos auxiliares, es decir, después de la palabra interrogativa:

What did *you do?*
Where CAN *I find a copy?*

En **Preguntas de Confirmación** (ver Unidad 5) y después de **so** y **neither** (ver Unidad 7) se invierten con el sujeto.
Ejemplos:

> You**'re** coming, **aren't** you?
> You**'ll** come, **won't** you?
> I want to come. So **do** I.
> I may go. So **may** we.

En una frase verbal (combinaciones de elementos que crean los tiempos, etc.), un auxiliar modal siempre aparece en primer lugar y siempre va seguido por la forma base de un verbo, con la única excepción del auxiliar **ought to.**
Ejemplos:

> We **ought to** be going.
> It **might** rain.
> It **should** have worked.
> He **couldn't** have been running.
> You **could** have been killed.

Nota: Los significados principales de los verbos auxiliares modales se tratan en las Unidades 66 y 67.

II LOS MODALES PERFECTOS

Esta importante combinación se parece en forma y en sentido a su equivalente en español.
Ejemplos:

	VERBO MODAL +	HAVE +	PARTICIPIO PASADO
He	*must*	*have*	*gone*
(Él)	debe	haber	ido.
They	*should*	*have*	*eaten.*
(Ellos)	deberían	haber	comido.
You	*could*	*have*	*finished.*
(Tú)	podrías	haber	terminado.

Las excepciones son los verbos modales **will** y **would**, los cuales en español pueden expresarse en muchos casos con simples terminaciones para el futuro y el condicional, respectivamente.
Ejemplos:

He	*will have arrived.*
(Él)	habrá llegado.
She	*would have gone.*
(Ella)	habría ido.

Los otros verbos modales pueden sustituir a **would have** en el tercer tipo del condicional (ver Unidad 58-II), de la misma manera que en español.

66 | LOS VERBOS MODALES: CAN, COULD, MAY, MIGHT

Al igual que en español, los verbos auxiliares modales tienen una variedad de significados cada uno y sirven para expresar diferentes funciones (ver el Apéndice de Estructuras y Funciones Comunicativas). Es probable que estos verbos se utilicen más en inglés que en español, donde se recurre a otras estructuras para expresar las mismas ideas.En esta unidad hacemos un resumen de los significados principales de cuatro de estos verbos; la Unidad 67 trata otros cinco de ellos.

Nota: Para un resumen de las características gramaticales de estos verbos, vea la Unidad 65.

I   CAN/CAN'T

El significado principal es "poder" en el sentido de **capacidad**:

> *I **can lift** that.*   *Penguins **can't fly**.*

Pero también significa "saber" cuando se habla de **habilidades aprendidas**:

> ***Can** you **speak** French? No, I **can't**.*
> ***Can** John **swim**? Yes, he **can**.*

Como "poder" en español, **can** puede significar "posibilidad". (Nótese que aquí puede tener aplicación al futuro también.)

> *Mary **can't go** today but she **can go** tomorrow.*
> *- **Can** you **play** today?*
> *- I'm sorry, I **can't**. I have to do some work.*

También se usa **can** para la idea de **permiso** y **can't** para la idea de **prohibición** (sentido presente o futuro):

> ***Can** I **use** the car tonight, Dad?*
> *You **can't smoke** in here.*

(Para la idea de permiso, **may** es más formal.)

Se puede usar **can't** (pero no **can**) en **deducciones**, como el opuesto de **must**:

> *That **can't** be John; he's in L.A.*

II   COULD/COULDN'T (WAS ABLE TO)

Pueden ser las formas pasadas de **can/can't** (podía):

> *I **could walk** when I was 11 months old.*
> *I **couldn't find** the children.*

Nota: Cuando se habla de una sola ocasión en el pasado, no se usa **could** para "pude/pudo", etc., sino **was able to/managed to**. **Couldn't** sí puede usarse:

> *It was a difficult exam but **he was able** to pass it.*
> *I **couldn't** pass the exam because it was too difficult.*

Igualmente pueden funcionar con sentido presente o futuro (podría) en los sentidos de probabilidad y permiso:

> *It **could rain** this afternoon.*
> ***Could** we **take** the car?*

En el sentido de probabilidad **could** es muy parecido a **might**.

Nota: Los auxiliares modales no tienen forma para el tiempo futuro y se utiliza **will be able to** para "podrá" en el sentido de capacidad solamente.

Exercise 1:

Utilice las expresiones de abajo para completar las oraciones.

can't	couldn't	were able	will be able	could	can

1 _____ you help me? I _____ solve this problem.

2 I _____ see the path because it was dark.

3 John _____ speak French when he was young because he lived in France.

4 The river was very wide but we _____ to swim across.

5 If you work hard, you _____ to finish by tomorrow.

III MAY/MAY NOT

May es el auxiliar clave para indicar que algo es posible (con idea de "quizás": de ahí la palabra **maybe**):
> *We **may** go to Mexico next year, but we're not sure.*
> *We **may not** be able to take time off work.*

(Aquí **may not** es "quizás no..." o "puede ser que no...")

Notas: No se puede utilizar **may** para preguntas sobre si algo es posible: *May he go?*, por ejemplo, siempre se refiere a permiso.

May es el único auxiliar modal que no puede ser seguido de la forma de contracción **-n't**.

El otro uso principal es para pedir permiso y para permitir o prohibir:
> ***May** I **leave** early today, please?* *Yes, you **may**.*
> ***May** we **stay** out late tonight?* *No, you **may not**.*
> *Passengers in the smoking section **may smoke** if they wish.*
> *Food **may not be taken** into the auditorium.*

En este uso **may** puede considerarse como una alternativa más formal, y posiblemente más correcta, que **can**.

Un uso similar de **may** es en peticiones (requests):
> ***May** I **have** a cup of coffee?*

IV MIGHT/MIGHT NOT

Might tiene un significado similar a **may** en cuanto a probabilidad, aunque a veces sugiere un grado menor de probabilidad:
> *John might come with us to the show.*
> *It might not be fine tomorrow.*
> *Will you buy me an ice-cream?* *I might or I might not.*

Técnicamente **might** es el pasado de **may**, pero se usa más bien para presente o futuro. **Might** se usa poco en conexión con la idea de permiso.

Exercise 2:

Utilice las expresiones del cuadro para completar las oraciones.

may (x2)	might not	might	may not

1 Mary _____ come but she _____; we just don't know.

2 I _____ buy a new car, but I don't think so.

3 They _____ win, but they are the strong favorites.

4 _____ I have some more cookies, please?

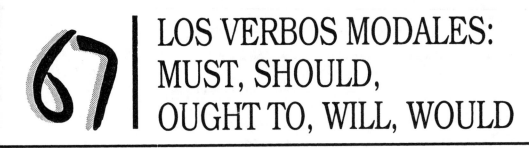

LOS VERBOS MODALES: MUST, SHOULD, OUGHT TO, WILL, WOULD

En esta unidad tratamos los principales significados de estos cinco verbos auxiliares modales. En la Unidad 66 se trataron cuatro más y las características gramaticales de este grupo de verbos se examinaron en la Unidad 65.

I MUST/MUSTN'T

Los significados principales son obligación (**must**) y prohibición (**mustn't/must not**). "Deber" es el verbo que parece corresponder generalmente a **must** en español, pero el verbo en inglés tiene a menudo un sentido más fuerte:

> You **must** get a visa to visit that country.
> You **must not** exercise if you have hepatitis.

Se puede ver que tienen una función parecida a la forma imperativa (ver Unidad 63).

Hay una diferencia entre **must not** (prohibición) y **don't have to** (ausencia de obligación), la cual se refleja en español ("no debes" y "no necesitas").

Nota: Must puede referirse al presente o al futuro, pero no tiene forma para el pasado. Se suele utilizar **had to**:

> - I **must** do my physics homework tonight.
> - Yes. I **had to** do mine yesterday.

El otro significado clave de **must** es para deducciones. En este sentido también se parece a "deber" o "tener que".

> - I've run 10 miles already!
> - On a day like this! You **must** be exhausted.
> - I am. You **must** think I'm crazy, but it's very healthy.

Mustn't no se usa en relación con deducciones. Lo que se usa para deducciones negativas es **can't**:

> - Well, I'm exhausted, too.
> - But you've only run 100 meters. You **can't** be tired!

Exercise 1:

Utilice las expresiones de abajo para completar el diálogo.

had to	must	mustn't	can't	don't have to

a) I 1)_____ be late! I have a lot of work to do. 'Bye.

b) You 2)_____ be serious! It's Sunday. You
    3)_____ work today.

a) But I do. Tonight I 4)_____ finish my math homework.

b) Why didn't you do it last night?

c) Last night I 5)_____ do my French homework.

II SHOULD/SHOULDN'T (OUGHT TO/OUGHT NOT TO)

El principal significado de **should/shouldn't** es obligación y prohibición, pero en forma más suave que **must** y **mustn't**.

> You **must** stop smoking and you **should** do more exercise.
> You **shouldn't** drive fast and you **mustn't** drive without a license.

124

La relación entre **must** y **should** se refleja en español con la distinción entre "debe" y "debería" y se puede decir que mientras **must** y **mustn't** se emplean para dar instrucciones u órdenes, **should** y **shouldn't** son apropiados para dar consejos.

La misma relación entre **must** y **should** se observa en cuanto a probabilidades, sugiriendo este último menos seguridad que el primero: (Un avión debe llegar a las 12.)

> (Son las 12:10) - *They **should** be there by now.* (probable)
> (Son las 13:30) - *They **must** be there by now!* (seguro)

Sin embargo, **should** no debe utilizarse para las deducciones indicadas para **must** (ver la página anterior): **Should** no tiene forma para el pasado, pero se puede utilizar la forma del tiempo perfecto:

> - *I **should** wash the car.*
> - *You **should've washed** it last week!*

Nota: **Ought to** y **oughtn't to** tienen un sentido tan similar a **should** y **shouldn't** que pueden considerarse como sinónimos.

Exercise 2:

Utilice las expresiones de abajo para completar las oraciones.

ought	should	shouldn't	shouldn't have	oughtn't

1 You _____ eat so much. You'll put on weight.

2 I _____ eaten so much for lunch. Now I don't want to do any work!

3 We pay too much to the government. It _____ reduce taxes!

4 My mother says I _____ to study more.

5 We _____ to stay too long. We must get home.

III WILL/WON'T

El uso más común de **will** es para indicar el tiempo futuro (ver Unidad 51) con cualquier verbo menos con los otros auxiliares. No tiene un verbo equivalente en español. Especialmente se utiliza para hacer predicciones (futuras y presentes); para hacer promesas; en la forma interrogativa para peticiones e invitaciones y en la forma afirmativa para hacer ofrecimientos:

> *Tomorrow **won't be** a very nice day.*
> *I'll **give** you your money next week.*
> ***Will** you **come** to the movies with me?*
> *I'll **buy** the tickets.*

También puede referirse a un comportamiento característico; en este uso es equivalente al presente simple (ver Unidad 46).

> *Sometimes mother **birds will** attack predators.*
> *John **will** sometimes **get** so angry, he screams.*

IV WOULD/WOULDN'T

Would es la forma del pasado de **will** y lo reemplaza en estilo indirecto (Unidad 61) y en ciertos tipos de condicional (Unidad 58). No hay un verbo equivalente en español.

68 | LOS VERBOS FRASEALES

I CARACTERÍSTICAS GENERALES

Un verbo fraseal (una estructura inexistente en español) consiste de un verbo y un adverbio, donde la adición del adverbio cambia el sentido del verbo original. Existen cientos de verbos de este tipo en inglés. Normalmente el verbo es corto y de uso común y el adverbio es uno de lugar o de dirección. A menudo existe un sinónimo de tipo más formal y, dado que estos sinónimos frecuentemente se derivan del latín, son más fáciles para los hispanoparlantes. ¡Desafortunadamente, los verbos fraseales son más fáciles para los de habla inglesa! Consecuentemente suelen ser más comunes, en el inglés cotidiano por lo menos. Para encontrar los significados de los diferentes verbos, utilice un diccionario.

Ejemplos:
1) The Prime Minister **gave up** his post because he was ill.
2) If you don't know the word, **look** it **up** in a dictionary.
3) The game was **put off** because of the bad weather.
4) They offered us cash for the books but we **turned** it **down**.
5) He stopped telling the story and we urged him to **go on**.

Exercise 1:

Relacione los verbos del cuadro con los verbos fraseales de los ejemplos anteriores.

postpone	reject	continue	renounce	investigate

II LA POSICIÓN DEL OBJETO

Al igual que con otros verbos, hay verbos fraseales transitivos e intransitivos (ver Unidad 2). El número 5 arriba ejemplifica **los intransitivos**. Este grupo incluye varios que son muy comunes como imperativos:

Stand up. Sit down. Come in. Go away. Look out!

Nota: Si un verbo es transitivo o no, es arbitraria. Otro verbo con el mismo significado (como el sinónimo del ejemplo número 5) puede ser transitivo; y el mismo verbo con otro significado puede igualmente ser transitivo (por ejemplo: *She **stood** him **up*** Lo dejó plantado).

Si el verbo fraseal es **transitivo** y tiene un objeto directo, este **objeto** normalmente va después del verbo si es un **sustantivo** (ver ejemplo 1 arriba):

I must **give up** smoking .	(dejar de)
He **took out** all his money from the bank.	(sacar)
Have you **put in** your application?	(entregar)
The businessmen **put forward** a new plan.	(proponer)
Take away the number you first thought of.	(restar)

Es posible, aunque quizás menos usual, ubicar el sustantivo (objeto) entre las dos partes del verbo fraseal:

> Have you **put** your application **in**?
> The businessmen **put** a new plan **forward**.

Si el objeto del verbo fraseal es un **pronombre personal** (ver Unidad 20), se ubica obligatoriamente entre las dos partes del verbo (ver los ejemplos 2 y 4 en la página anterior):

- Have a drink?   - No, thanks. I've **given** it **up**.
Where are your new plans? Have you **put** them **forward** yet?
- Where's my money?   - I'm **taking** it **out** of the bank now.
No, you don't add the number; you **take** it **away**!
I asked for a raise, but my boss **put** me **off**.

Una aparente excepción a esta regla es cuando el verbo está en la voz pasiva (ver Unidad 59 y el ejemplo 3 en la página anterior). En este caso el objeto directo en la voz activa aparece como sujeto y en primer lugar, seguido por el verbo fraseal:

> The plans haven't been **put forward** yet.
> The money was **taken out** of the bank.

Exercise 2:

Ordene las palabras para formar oraciones (ubique el objeto después del verbo cuando sea posible).

1 should/smoking/up/give/you/./

_____.

2 again/am/it/try/going/up/give/to/I/to/./

_____.

3 but/keep/it/off/you/putting/!/

_____.

4 time/going/on/to/this/am/I/go/!/ I bet you 50 dollars!

_____.

5 offer/I/down/that/won't/turn/!/

_____.

III VERBOS FRASEALES PREPOSICIONALES

También existe una cantidad de verbos formados por tres palabras: un verbo, un adverbio y una preposición. La función de la preposición, la cual es obligatoria y cambia el sentido del verbo, es conectar el verbo fraseal con el objeto directo que sigue.

John has **put in for** that new job.	(solicitar)
I refuse to **put up with** his behavior.	(tolerar)
We all **look up to** that teacher.	(admirar)
John **gets along with** everybody.	(llevarse bien)

En estos casos, el objeto siempre va después de la preposición que termina el verbo, aún cuando el objeto sea un pronombre personal.

APÉNDICE I
"LOS VERBOS IRREGULARES"

FORMA BASE	PASADO SIMPLE	PARTICIPIO PASADO	FORMA BASE	PASADO SIMPLE	PARTICIPIO PASADO
arise *(levantarse)*	arose	arisen	hold *(sostener)*	held	held
awake *(despertar[se])*	awoke	awakened	hurt *(lastimar)*	hurt	hurt
be *(ser, estar)*	was, were	been	keep *(guardar)*	kept	kept
beat *(golpear, latir)*	beat	beaten	know *(saber, conocer)*	knew	known
become *(volverse, convertirse)*	became	become	lay *(colocar)*	laid	laid
begin *(empezar)*	began	begun	lead *(dirigir)*	led	led
bend *(torcer, inclinarse)*	bent	bent	learn *(aprender)*	learned	learned
bet *(apostar)*	bet	bet	leave *(dejar, partir)*	left	left
bite *(morder)*	bit	bitten	lend *(prestar)*	lent	lent
bleed *(sangrar)*	bled	bled	let *(permitir)*	let	let
blow *(soplar)*	blew	blown	lie *(yacer)*	lay	lain
break *(romper)*	broke	broken	light *(encender)*	lit	lit
bring *(traer)*	brought	brought	lose *(perder)*	lost	lost
build *(construir)*	built	built	make *(hacer)*	made	made
burn *(quemar, incendiar)*	burned	burned	mean *(significar)*	meant	meant
burst *(reventar)*	burst	burst	meet *(encontrar, conocer)*	met	met
buy *(comprar)*	bought	bought	owe *(deber)*	owed	owed
catch *(coger, atrapar)*	caught	caught	pay *(pagar)*	paid	paid
choose *(escoger)*	chose	chosen	put *(poner)*	put	put
cling *(adherir)*	clung	clung	quit *(dejar)*	quit	quit
come *(venir)*	came	come	read *(leer)*	read	read
cost *(costar)*	cost	cost	ride *(montar)*	rode	ridden
creep *(arrastrar[se])*	crept	crept	ring *(sonar)*	rang	rung
cut *(cortar)*	cut	cut	rise *(levantar[se])*	rose	risen
deal *(tratar)*	dealt	dealt	run *(correr)*	ran	run
dig *(excavar)*	dug	dug	say *(decir)*	said	said
do *(hacer)*	did	done	see *(ver)*	saw	seen
draw *(dibujar)*	drew	drawn	seek *(buscar)*	sought	sought
dream *(soñar)*	dreamed	dreamed	sell *(vender)*	sold	sold
drink *(beber)*	drank	drunk	send *(mandar, enviar)*	sent	sent
drive *(conducir)*	drove	driven	set *(poner)*	set	set
eat *(comer)*	ate	eaten	shake *(agitar)*	shook	shaken
fall *(caer)*	fell	fallen	shave *(afeitar[se])*	shaved	shaved
feed *(alimentar)*	fed	fed	shine *(brillar)*	shone	shone
feel *(sentir, palpar)*	felt	felt	shoot *(disparar)*	shot	shot
fight *(pelear)*	fought	fought	show *(mostrar)*	showed	shown
find *(encontrar)*	found	found	shrink *(encoger)*	shrank	shrunk
fling *(arrojar)*	flung	flung	shut *(cerrar)*	shut	shut
fly *(volar)*	flew	flown	sing *(cantar)*	sang	sung
forbid *(prohibir)*	forbade	forbidden	sink *(hundir[se])*	sank	sunk
forget *(olvidar)*	forgot	forgotten	sit *(sentarse)*	sat	sat
forgive *(perdonar)*	forgave	forgiven	sleep *(dormir)*	slept	slept
freeze *(congelar)*	froze	frozen	slide *(deslizar)*	slid	slid
get *(conseguir, volverse)*	got	gotten	smell *(oler)*	smelled	smelled
give *(dar)*	gave	given	speak *(hablar)*	spoke	spoken
go *(ir)*	went	gone	spell *(deletrear)*	spelled	spelled
grind *(moler)*	ground	ground	spend *(gastar)*	spent	spent
grow *(crecer, madurar)*	grew	grown	spin *(girar)*	spun	spun
hang *(colgar)*	hung	hung	spoil *(estropear)*	spoiled	spoiled
have *(tener)*	had	had	spread *(esparcir)*	spread	spread
hear *(oir)*	heard	heard	spring *(saltar)*	sprang	sprung
hide *(esconder)*	hid	hidden	stand *(parar[se])*	stood	stood
hit *(golpear)*	hit	hit	steal *(robar)*	stole	stolen

FORMA BASE	PASADO SIMPLE	PARTICIPIO PASADO	FORMA BASE	PASADO SIMPLE	PARTICIPIO PASADO
stick *(pegar, meter)*	stuck	stuck	think *(pensar)*	thought	thought
sting *(picar)*	stung	stung	throw *(echar, tirar)*	threw	thrown
stink *(apestar)*	stank	stunk	understand *(comprender)*	understood	understood
strike *(golpear)*	struck	struck	wake *(despertar)*	woke (waked)	woken
swear *(jurar)*	swore	sworn	wear *(usar, llevar puesto)*	wore	worn
sweep *(barrer)*	swept	swept	wed *(casar[se])*	wed	wed
swim *(nadar)*	swam	swum	weep *(sollozar)*	wept	wept
swing *(oscilar, colgar)*	swung	swung	win *(ganar)*	won	won
take *(tomar)*	took	taken	wind *(dar cuerda)*	wound	wound
teach *(enseñar)*	taught	taught	wring *(exprimir)*	wrung	wrung
tear *(rasgar)*	tore	torn	write *(escribir)*	wrote	written
tell *(decir)*	told	told			

La práctica constante es la única manera de aprender los verbos irregulares en inglés. Los siguientes ejercicios de categorización contribuirán a este procedimiento.

Exercise 1: Encuentre verbos que corresponden a las siguientes categorías en la lista de los irregulares.

a) Los tres elementos (forma base, pasado simple, participio pasado) son iguales .
   Ejemplo:

Forma base	Pasado Simple	Participio Pasado
bet	bet	bet

b) La forma base tiene una forma; las otras dos tienen la misma forma entre sí pero distinta a la de la base .
   Ejemplo:

Forma base	Pasado Simple	Participio Pasado
win	won	won

c) La forma base es igual a la del participio pasado pero distinta a la del pasado simple .
   Ejemplo:

Forma base	Pasado Simple	Participio Pasado
become	became	become

d) La forma base es igual a la del pasado simple pero distinta a la del participio pasado .
   Ejemplo:

Forma base	Pasado Simple	Participio Pasado
beat	beat	beaten

e) Las tres formas son distintas.
   Ejemplo:

Forma base	Pasado Simple	Participio Pasado
drive	drove	driven

Exercise 2: ¿Puede encontrar algunos sub-grupos dentro de las cinco categorías indicadas?

Ejemplo: De la última categoría:

Forma base	Pasado Simple	Participio Pasado
blow	blew	blown
grow	grew	grown

APÉNDICE II
"ESTRUCTURAS Y FUNCIONES"

GRAMÁTICA DE LA LENGUA INGLESA ofrece información sobre las formas gramaticales (las **estructuras**) del idioma inglés. En relación con el presente progresivo, por ejemplo, explica cómo conjugar este tiempo, en qué circunstancias gramaticales suele usarse en constraste con el presente simple, y con qué clases de verbos no se le puede usar.

Las **funciones**, por contraste, no enfocan las formas del idioma, ni el entorno gramatical para su aplicación, sino las actividades comunicativas que a través de las formas se pueden llevar a cabo. Con el **presente progresivo** se podría, por ejemplo:

Explicar una ausencia:	John's not here. He**'s playing** tennis.
Quejarse:	You**'re drinking** my beer!
Hacer una invitación informal:	We**'re having** a party tonight at my place.

En este apéndice hacemos una lista de las funciones principales y sugerimos algunas maneras para realizarlas. La lista no es exhaustiva y es importante resaltar que:

1) una misma estructura gramatical puede desempeñar diferentes funciones comunicativas, y
2) una misma función comunicativa puede expresarse por medio de diferentes estructuras gramaticales.

Para ejemplificar esta idea, tomemos el primer tipo de condicional (ver Unidad 57) y sugerimos algunas de las funciones que con ello se puede expresar:

If you do that, I'll get the coffee.	(ofrecimiento)
If you do that, we'll be home by 5.	(predicción)
If you do that, it will explode.	(prevención)
If you do that, I'll kill you.	(amenaza)
If you do that, I'll do the same.	(acuerdo)
If you do that, we'll buy you a present.	(promesa)
If you do that, the flowers will grow.	(explicación)
If you do that, you'll get rich.	(recomendación)

Y ahora, por contraste, tomemos la función de "prevenir" (**warning**) y algunas de las estructuras que pueden expresarla:

Look out! Be careful!	(imperativo)
DANGER!	(sustantivo)
Wet paint!	(adjetivo + sustantivo)
Careful!	(adjetivo)
Drive carefully!	(verbo + adverbio)
Speed kills!	(presente simple)
Shoplifters will be prosecuted	(futuro)
You must be careful here.	(con verbo modal)
If you do that, you'll fall.	(condicional)
12 people have been killed on this highway this year!!!	(pres. perf. passive)

FUNCIONES COMUNICATIVAS

A continuación presentamos una selección de 40 funciones comunicativas principales, ordenadas alfabéticamente en inglés. Se ofrecen varias maneras para expresar cada una a través de diferentes estructuras. "Preguntar y contestar acerca de..." es una categoría tan variada, que hacemos una lista aparte de 35 tópicos con un ejemplo demostrativo para cada uno.

1) ADVISING *(aconsejar)*
   You should exercise more.
   You shouldn't smoke so much.
   Take your umbrella with you.
   Don't buy that car.
   If I were you, I would marry him.

2) AGREEING *(expresar acuerdo)*
   I agree.
   What a great idea!
   You're quite right.
   That's OK with me.
   Me, too.
   OK, I'll do it.
   I'm in complete agreement.

3) APOLOGIZING *(disculparse)*
   I'm (really) sorry.
   I apologize.
   Please forgive me.
   Please accept my apologies.
   I can't say how sorry I am.
   I don't know how to apologize.

4) ACCEPTING AN APOLOGY *(aceptar disculpas)*
   That's OK.
   Don't worry about it.
   Think nothing of it.
   That's all right.
   I accept your apology.

5) ATTRACTING SOMEONE'S ATTENTION
   (atraer atención)
   Excuse me.
   Pardon me.
   Miss!
   Hey!
   Could I have your attention, please.
   Attention, all passengers.

6) COMPARING *(comparar)*
   He's taller than she is.
   This is the best house.
   This isn't as hot as Arizona.
   She's nice, but he isn't.
   All/both of them are interested in science.

7) COMPLAINING *(quejarse)*
   These shoes are too tight.
   This isn't good enough.
   You're always shouting.
   We've been waiting in line for half an hour.
   You're standing on my foot.
   This watch doesn't work.
   This is the worst meal I've ever had.
   This work is terrible.

8) COMPLIMENTING *(halagar)*
   I like your dress.
   What a fabulous tie!
   Your eyes are enchanting.
   You look great!
   I wish I had a figure like yours.
   May I say how nice your party was.

9) ACCEPTING A COMPLIMENT
   (aceptar halagos)
   Thank you.
   That's very kind of you.
   How nice of you to say so.

10) CONGRATULATING *(felicitar)*
   Congratulations.
   Well done!
   What an excellent speech!

11) DISAGREEING *(estar en desacuerdo)*
   I disagree.
   I don't agree.
   That's not right.
   You must be joking.
   That's not how I see it.
   You're wrong.

12) (saying) GOODBYE *(despedirse)*
   Goodbye.
   Bye.
   So long.
   Take care.
   See you later.
   Have a nice day.
   Good night.
   Ciao.

13) (expressing) GOOD WISHES (for special occasions) *(expresar buenos deseos en ocasiones especiales)*
   Happy...Birthday! ...New Year! ...Anniversary!
   ...Easter! ...Valentine's Day! ...Thanksgiving!
   ...Mother's Day! ...Father's Day!
   Merry Christmas!
   Congratulations!
   Congratulations on your...(wedding, graduation, passing an important examination, etc.)

14) GREETING *(saludar)*
   Hi.
   Hello.
   How's it going?
   How do you do?
   Good afternoon (morning, evening).
   I haven't seen you for ages.
   Long time, no see.
   John, how are you?

15) (asking for) INFORMATION *(pedir información)*
   (Ver lista extensiva al final.)

16) (giving) INFORMATION *(dar información)*
   (Ver lista extensiva al final.)

17) INSTRUCTING *(dar instrucciones)*
   Fold the paper along the dotted line.
   Don't open your books.
   You may begin writing now.
   You'll need four eggs.
   If the water boils, lower the heat.

18) INTRODUCING PEOPLE *(presentar)*
   This is Mary.
   May I introduce my sister, Mary.
   Do you know Mary?
   Mary Smith, meet John Jones.
   I'd like you to meet my sister, Mary.
   Have you met Mary?
   Do you two know each other?

19) INVITING *(invitar)*
   Would you like to dance?
   Come in.
   I'd like to invite you to a party.
   Could you come to lunch?
   Let's have coffee together.
   If you're free, come over.
   I'm having a party on Saturday.

20) (accepting an) INVITATION
   (aceptar una invitación)
   Thank you.
   I'd love to.
   Oh, that's nice of you.
   Yes, that sounds like fun.
   Sure, why not?

21) (rejecting an) INVITATION
   (rechazar una invitación)
   I'm sorry, I can't.
   Thanks, but I'm busy that night.
   I have to work late.
   That's very kind of you, but I have tickets for a concert.
   I'd love to, but it's impossible.

22) (expressing) OBLIGATION *(expresar obligación)*
   You must pay your rent on the first.
   You have to pay.
   You should follow the doctor's advice.
   It's essential that we go now.
   We can't get out of going.

23) (making) OFFERS *(ofrecerse)*
   I'll bring the hot dogs.
   Can I help you?
   Let me carry that.
   May I give you a ride?
   I'd love to wash the dishes.
   Call me any time if you need me.

24) (accepting) OFFERS *(aceptar ofrecimientos)*
   Thanks.
   Yes, please.
   That would be a big help.

25) (rejecting) OFFERS *(rechazar ofrecimientos)*
   That's OK, I can do it.
   No, don't bother.
   I'm OK, really.
   Thanks, but I can manage.

26) (asking for an) OPINION *(pedir opiniones)*
   What do you think?
   What's your view?
   How do you feel about that?
   I'd like your opinion.
   Tell me what you really think.

27) (asking for) PERMISSION *(pedir permiso)*
   May I leave the room?
   Could I ask you a question now?
   Is it all right if I smoke?
   Is photography allowed?
   Would you mind if I leave early?

28) PERSUADING *(persuadir)*
   Buy American!
   You'll never get a better deal.
   Blanco washes greener!
   If I were you, I'd buy it.
   You should think about my offer.

29) PREDICTING *(predecir)*
   I predict they'll win.
   It'll rain tomorrow.
   I say they won't arrive before noon.
   I think Sue will marry Dave.
   In my opinion, shares will rise.
   That man's going to fall.

30) (expressing) PREFERENCES
   (expresar preferencias)
   I prefer the green one.
   I like baseball better than football.
   I'd rather go to the movies.
   I think he's nicer.
   This is the best option in my opinion.
   We all consider resigning preferable to remaining.

31) PROHIBITING *(prohibir)*
   No smoking.
   Eating is prohibited.
   Don't cross.
   You mustn't speak.
   No one is allowed to talk.
   I'm afraid you can't take photographs here, sir.
   Members only.

32) PROMISING *(prometer)*
   I promise I'll be on time.
   You can count on me.
   I won't let you down.
   You have my word on it.
   If you lend me five dollars, I'll pay you back on Monday.

33) REMINDING *(recordar)*
   Don't forget to feed the dog.
   Remember to put gas in the car.
   You have a dentist's appointment at 2 o'clock.
   May I remind you to be here bright and early?
   I hope you don't mind my mentioning the money you owe me.

34) REQUESTING *(pedir)*
   Would you mind paying for my ticket?
   Pass the salt, please.
   Could you give me a ride?
   More coffee, please.
   May I borrow your car?
   I was wondering if you'd let me stay.
   Would it be OK if I used your phone?
   Can you help me with this?
   Do you have time to help me?
   I'd like to hear you sing "Moon River".

35) SUGGESTING *(sugerir)*
   Let's go to the movies.
   Why don't we have a pizza.
   What about playing Monopoly?
   Try using a screwdriver.
   I think we should eat.
   I suggest we go.
   Add a bit more sugar.
   Shall we go home now?

36) (expressing) SURPRISE *(expresar sorpresa)*
   What a surprise!
   That's incredible!
   I don't believe it!
   You're kidding!
   Wow!
   No!
   It's not possible!
   I'd never have believed it!
   Good grief!

37) SYMPATHIZING *(compadecerse)*
   I was sorry to hear that you lost.
   That's too bad.
   Please accept my condolences.
   Poor you!

38) THANKING *(agradecer)*
   Thanks.
   Thank you very much.
   Thanks a lot.
   I really appreciate this.
   I want to thank you all.
   That's very kind of you.
   I'd like to express my gratitude.
   Oh, you shouldn't have!

39) THREATENING *(amenazar)*
   If you do that, I'll report you.
   Don't you dare do that!
   Be quiet or else.
   You're going to pay for that.
   I'll get you.
   Do that again and you're in big trouble.

40) WARNING *(prevenir)*
   (Ver ejemplos en la página 130.)

PREGUNTAR Y CONTESTAR ACERCA DE:

1) **ability** (*capacidad*)
Can you speak French? No, I can't.

2) **age** (*edad*)
How old are you? I'm seventeen.

3) **ambitions** (*ambiciones*)
What do you want to be? I'd like to be a journalist.

4) **appearance** (*apariencia*)
What does she look like? She's tall and thin.

5) **biographical details** (*información biográfica*)
Where were you born? I was born in South Dakota.

6) **color** (*color*)
What color are her eyes? They're brown.

7) **customs** (*costumbres*)
What does your family do on Christmas Day? We all have dinner together.

8) **daily routines** (*rutinas*)
What time do you get up? I usually get up at 7 a.m.

9) **dates** (*fechas*)
What's today's date? It's June 28.

10) **destination** (*destinos*)
Where are you going? We're going to the movies.

11) **directions** (*orientación*)
How do I get to the bus station? Turn left at the red light and go straight ahead.

12) **distance** (*distancia*)
How far is it to Pittsburgh? It's about thirty miles.

13) **duration** (*duración*)
How long will the lecture last? About two hours.

14) **family relationships** (*parentesco*)
Is Mary your cousin? No, she isn't. She's my sister-in-law.

15) **frequency** (*frecuencia*)
How often do you watch TV? Only about once a week.

16) **health** (*salud*)
How do you feel today? Fine, thanks.

17) **identity** (*identificación*)
Who's that? It's Bob Reilly.

18) **likes/dislikes** (*gustos/disgustos*)
Do you like pizza? Yes, I love it.

19) **location** (*ubicación*)
Where's Hooper Valley? It's in California.

20) **measurements** (*medidas*)
How high is that mountain? About six thousand feet.

21) **nationality** (*nacionalidad*)
What country are you from? I'm from Cameroon.

22) **occupations** (*ocupaciones*)
What do you do for a living? I'm an architect.

23) **ownership** (*posesión*)
Whose book is this? It isn't mine.

24) **personality** (*personalidad*)
What's your boyfriend like? He has a good sense of humor.

25) **physical characteristics** (*características físicas*)
What does he look like? He's short and fat.

26) **plans** (*planes*)
What are you doing tomorrow evening? I'm going to a party.

27) **possibility** (*posibilidades*)
Do you think it will rain? It might.

28) **price** (*precio*)
How much is it? It's on sale, it's only twenty dollars.

29) **problems** (*problemas*)
What's the matter? There's something wrong with my arm.

30) **quantity** (*cantidad*)
How much butter is there? About half a pound.

31) **schedules** (*horarios*)
What time does the plane leave? It's due to leave at three o'clock.

32) **size** (*tamaño*)
What size shoe do you wear? Eight and a half, wide.

33) **spelling** (*deletrear*)
How do you spell your first name? D-Y-L-A-N.

34) **time** (*la hora*)
What time is it? It's almost four o'clock.

35) **weather** (*tiempo*)
What's the weather like? It's cloudy and cool.

CLAVE DE RESPUESTAS

SECCIÓN UNO

UNIT 1

Ex 1: 1-S; 2-V; 3-S; 4-V; 5-O; 6-S; 7-V; 8-O; 9-S; 10-V; 11-O; 12-S; 13-V; 14-IO; 15-O

Ex 2: 1-The car stopped. 2-John likes cars. 3-Mary gave him a ring. 4-He sent Mary a letter.
5-The men ate. 6-Children enjoy parties.

UNIT 2

Ex 1: look pretty; feel silky; smell perfumed; sound melodious; taste bitter

Ex 2: 1-looks pretty; 2-tastes bitter; 3-smell perfumed; 4-feel silky; 5-sounds melodious

Ex 3: bring some friends; deny the accusation; examine a patient; wrap a present; take the pills; enjoy a
party; have influenza; rent an apartment

Ex 4: 1-enjoy a party; 2-bring some friends; 3-rent an apartment; 4-examine a patient; 5-have influenza;
6-take the pills; 7-wrap a present; 8-deny the accusation

UNIT 3

Ex 1: 1-give; 2-owe; 3-lend; 4-write; 5-buy; 6-wish; 7-send; 8-ask

Ex 2: 1-OI: him; OD: his money; 2-OI: you; OD: $200; 3-OI: me; OD: another $100; 4-OI: you; OD:
a check; 5-OI: her; OD: a present; 6-OI: her; OD: a happy birthday; 7-OI: her; OD: a birthday card;
8-OI: you; OD: a question.

Ex 3: 1-Mary gave me a book. 2-I found the dog for Mary. 3-We sent a card to John. 4-They promised the
children a present. 5-Mother baked them a cake.

Ex 4: 1-He offered them a lot of money. 2-Jane threw her brother the basketball. 3-Mrs Green read her
children a poem. 4-We promised her a new car. 5-The fisherman showed him the dolphin.
6-The boss sent us all Christmas cards.

Ex 5: 1(a) Mrs Brown is cooking her children dinner. (b) Mrs Brown is cooking dinner for her children.
2(a) The captain brought Jane some presents. (b) The captain brought some presents for Jane.
3(a) I saved you this newspaper. (b) I saved this newspaper for you.
4(a) The dog fetched its master a magazine. (b) The dog fetched a magazine for its master.

UNIT 4

Ex 1: 1-H; 2-F; 3-A; 4-G; 5-C; 6-I; 7-J; 8-D; 9-B; 10-E

Ex 2: 1-How old is John? 2-When is the party? 3-How much is this blouse? 4-Which one do you want?
5-Why did you eat those cookies? 6-What is that? or Whose dog is that?

UNIT 5

Ex 1: 1-f; 2-d; 3-b; 4-g; 5-a; 6-c; 7-e

Ex 2: 1-Yes, they are. 2-No, I wouldn't. 3-Yes, I must. 4-Yes, he does. 5-Yes, it was. 6-Yes, it is.
7-No, I didn't.

Ex 3: 1-have you? 2-shouldn't we? 3-aren't you? 4-doesn't he? 5-is it? 6-can't it? 7-will you?
8-are they? 9-isn't it? 10-didn't she?

Ex 4: 1-No, I haven't. 2-Yes, we should. 3-Yes, I am. 4-Yes, he does. 5-No, it isn't. 6-Yes, it can.
7-No, I won't. 8-No, they aren't. 9-Yes, it is. 10-Yes, she did.

UNIT 6

Ex 1: 1-Yes, he is. No, he isn't. 2-Yes, she can. No, she can't. 3-Yes, I will. No, I won't.
4-Yes, they had. No, they hadn't. 5-Yes, it did. No, it didn't.

Ex 2: 1-I said I would come and I will. 2-Tom thought they would lose the game but they didn't.
3-Mary expected to arrive on time but she can't. 4-Jack wanted to play even though Jim didn't
want to. 5-I will help you if I have to.

UNIT 7

Ex 1: 1-Neither has Mary. Mary hasn't either. 2-So do I! I do too. 3-Neither can Robert.
Robert can't either. 4-So is she. She is too.

UNIT 8

Ex 1: 1-(a) You aren't driving quickly enough. (b) You're driving too slowly. 2-(a) It's too small for me.

(b) It isn't big enough for me. 3-(a) You aren't old enough to see it. (b) You are too young to see it.
4-(a) You don't take it seriously enough. (b) You take it too lightly. 5-(a) I'm too short to reach it.
(b) I'm not tall enough to reach it.

Ex 2: 1-...too hot to eat; 2-...good enough to win; 3-...too small to read; 4-...rich enough to buy it?
5-...brave enough to cross it?

UNIT 9

Ex 1: 1-There are; 2-There is; 3-There is; 4-There are; 5-There are

Ex 2: 1-Is there; 2-there is; 3-there is; 4-Are there; 5-there aren't; 6-there isn't; 7-there aren't;
8-Are there; 9-there are; 10-there aren't

Ex 3: 1-won't there; 2-is there; 3-mustn't there; 4-were there; 5-aren't there

UNIT 10

Ex 1: 1-It's very easy to understand you. 2-It would be a good idea to arrive early. 3-It was a pleasure
to meet your friend. 4-It is necessary to have a visa. 5-It was a pity that you couldn't come.
6-It's certain that Dave will win the race. 7- It's unlikely that we will ever know the truth. 8-It was
surprising that Jane and Peter didn't meet.

Ex 2: 1-D; 2-E; 3-A; 4-F; 5-C; 6-B

SECCIÓN DOS

UNIT 11

Ex 1: *the* for each space

Ex 2: 1-an; 2-a; 3-a; 4-an; 5-an; 6-an; 7-an; 8-a; 9-a; 10-an

Ex 3: 1-a; 2-the; 3-the; 4-a; 5-an; 6-an; 7-an; 8-the; 9-the; 10-the; 11-the; 12-a; 13-a; 14-the; 15-the;
16-a; 17-a; 18-a; 19-the; 20-the

UNIT 12

Ex 1: 1-H (She is a secretary.); 2-D (He is a mechanic.); 3-F (She is a pilot.); 4-G (He is an architect.);
5-B (She is an actress.); 6-A (He is a dentist.); 7-C (He is a teacher.); 8-E (She is a scientist.)

Ex 2: 1-c and e; 2-a and f; 3-b and d; a) 55 miles an hour; b) $25 an ounce; c) three times a week;
d) 5 pesos a meter; e) once a month; f) 5 cms. a year

Ex 3: 1-d (What a tall man!); 2-e (What a nice day!); 3-a (What a lucky girl!); 4-b (What beautiful teeth!);
5-c (What an easy test!)

UNIT 13

Ex 1: 1-kangaroos; 2-stress; 3-love; 4-English; 5-platinum; 6-women; 7-computers; 8-paper;
9-jealousy; 10- football.

Ex 2: 1-Los canguros son originarios de Australia. 2-El stress es un problema para muchos ejecutivos.
3-" El amor lo puede todo" es una idea romántica. 4-El inglés es uno de los idiomas más
importantes del mundo. 5-El platino es un metal más valioso que el oro. 6-Normalmente las
mujeres viven más tiempo que los hombres. 7-Las computadoras han revolucionado el mundo
desde los años 50. 8-El papel se hace de los árboles. 9-Los celos son una emoción peligrosa.
10-El futbol es un deporte muy popular.

Ex 3: 1-a; 2-x; 3-the; 4-x/x

UNIT 14

Ex 1: 1-some; 2-any; 3-any; 4-some; 5-any

Ex 2: 1-some; 2-any; 3-any; 4-some; 5-some; 6-some

Ex 3: 1-any; 2-some; 3-x/x; 4-some; 5-x/x/x; 6-any; 7-some; 8-x; 9-any; 10-any/some/x

UNIT 15

Ex 1: 1-the old men and women; 2-my new red bicycle; 3-some very unusual people;
4-fresh green vegetables; 5-an interesting but difficult question

SECCIÓN TRES

UNIT 16

Ex 1: FRUITS: melons, bananas, strawberries, cherries, peaches;
VEGETABLES: potatoes, carrots, radishes, onions, tomatoes

Ex 2: 1-mice; 2-sheep; 3-fish; 4-halves; 5-deer; 6-series; 7-women; 8-men; 9-children

Ex 3: Mr Gray's brother manages a store which sells men's clothes. 2-The Smiths' children often visit the Grays' house. 3-The children's names are Mike and Jennifer. 4-Mike's favorite sport is baseball, which is America's national game. 5-Mike's sister is on a girls' softball team and Mrs Smith plays on a women's team.

UNIT 17

Ex 1: 1-e; 2-d; 3-b; 4-a; 5-f; 6-c

Ex 2: 1-c; 2-e; 3-d; 4-a; 5-b

Ex 3: 1-El oro es un metal. 2-El oxígeno es un gas. 3-La libertad es un concepto. 4-La neumonía es una enfermedad. 5-El agua es un líquido.

Ex 4: sadness/kindness; anthropology/meteorology; dependency/jealousy; suffrage/courage; inertia/amnesia; smoking/swimming; parity/equity; convenience/benevolence; ignorance/vigilance

Ex 5: 1-NC; 2-C; 3-C; 4-NC; 5-NC; 6-C; 7-C; 8-NC

Ex 6: 1-quart; 2-loaves; 3-cans; 4-tube; 5-barrels; 6-bar

UNIT 18

Ex 1: 1-c; 2-e; 3-d; 4-a; 5-b

Ex 2: 1-Smoking cigars . . . ; 2-Shouting in the playground . . . ; 3-Commercial fishing ... ; 4-Occasional overeating . . . ; 5-Playing baseball . . .

Ex 3: 1-eating; 2-exercising; 3-running; 4-playing; 5-saying; 6-quitting

Ex 4: 1-stealing; 2-winning; 3-going; 4-leaving; 5-playing; 6-singing; 7-meeting; 8-taking

UNIT 19

Ex 1: 1-l/an economics textbook; 2-d/a silk blouse; 3-k/an oil painting; 4-j/a newspaper article; 5-b/drug addicts; 6-h/a guitar concert; 7-i/a real estate agent; 8-c/table napkins; 9-g/a sports car; 10-e/airline pilots; 11-a/a telephone number; 12-f/love letters

Ex 2: 1-vegetable soup; 2-car keys; 3-reference books; 4-television addict; 5-tea cups

Ex 3: 1-coffee cups; 2-beer mug; 3-milk carton; 4-sugar bowl; 5-dining room table; 6-coffee shop; 7-tennis shoes; 8-baseball jacket

Ex 4: 1-a bookstore; 2-daydreams; 3-treetops; 4-fingernails; 5-a raincoat

Ex 5: 1-h; 2-d; 3-g; 4-f; 5-c; 6-e; 7-a; 8-b

UNIT 20

Ex 1: 1-I; 2-I; 3-me; 4-her; 5-she; 6-she; 7-they; 8-them; 9-them

Ex 2: 1-I put it on the table. 2-We took them with us. 3-They saw you yesterday. 4-She helped us. 5-You must eat it! 6-She and I will help him.

Ex 3: 1-my; 2-yours; 3-your; 4-mine; 5-their; 6-hers; 7-his; 8-theirs; 9-his; 10-hers

Ex 4: 1-they; 2-their; 3-them; 4-she; 5-he; 6-it; 7-he; 8-his; 9-him; 10-hers

UNIT 21

Ex 1: 1-yourself; 2-myself; 3-himself; 4-themselves; 5-yourselves; 6-ourselves; 7-themselves; 8-herself

UNIT 22

Ex 1: 1-nobody/no one; 2-everybody/everyone; 3-everything; 4-anything; 5-something; 6-anything; 7-anybody/anyone; 8-nobody/no one

Ex 2: ¿Qué tipo de suéter le gustaría, señor?; Me gustaría un rojo.; Tenemos varios rojos, señor. ¿Cuál prefiere?; Este es muy bonito, ¿cuánto cuesta?; Cincuenta dólares, señor.; ¡Eso es muy caro! ¿ No tiene algunos más baratos?; Sí señor. Este cuesta sólo treinta dólares; No, no me gusta. ¿Qué tal aquél?; Aquél es muy bonito, señor, pero cuesta 75 dólares.

UNIT 23

Ex 1: 1-John is the swimmer who (that) broke the record. 2-Jane and Mary are the architects who (that) designed this mall. 3-Those are the people that (whom/who) we met last week. 4-This is the director whose last film won an Oscar. 5-That's an interesting picture which/that was painted by Manet. 6-This is the car which/that I bought last week.

Ex 2: 2, 4, 5, 6

Ex 3: 1-The man I am looking at is very tall. 2-This is the town I was born in. 3-The chair you are sitting on is very old. 4-The woman you are talking about is my mother. 5-The people we are staying with are very nice.

UNIT 24

Ex 1: (a)-that one; (b) these flowers; those flowers; this restaurant; that dress; this dress

Ex 2: 1-that; 2-that; 3-those; 4-these; 5-this; 6-those

Ex 3: 1-this; 2-these; 3-these; 4-those; 5-that

UNIT 25

Ex 1: 1-the messenger; 2-the step-mother and the step-sisters; 3-Cinderella; 4-Cinderella; 5-Cinderella; 6-the fairy-godmother; 7-the fairy-godmother's; 8-the pumpkin; 9-the mice; 10-Cinderella; 11-the fairy-godmother; 12-being home before midnight

Ex 2: 1-the Beagle; 2-surveying the coast of South America; 3-the voyage; 4-Brazil; 5-stop; 6-species; 7-in the Galapagos Islands; 8-group of birds; 9-thirteen familes of finches; 10-Darwin

SECCIÓN CUATRO

UNIT 26

Ex 1: 1-She is a beautiful woman. 2-This is an exciting movie about a real situation. 3-Was that shirt expensive? 4-Is your husband tall? 5-That round cake looks delicious!

Ex 2: 1-She was a charming young woman. 2-I can see a small round red bowl. 3-There was a delicious French onion soup. 4-It is an elegant black wool dress. 5-He wanted a large new German dictionary.

UNIT 27

Ex 1: 1-prettier/prettiest; 2-greener/greenest; 3-hotter/hottest; 4-more important/most important; 5-more determined/most determined; 6-narrower/narrowest or more narrow/most narrow; 7-more doubtful/most doubtful; 8-worse/worst; 9-farther/farthest; 10-better/best

Ex 2: 1-bigger than; 2-better than; 3-the most expensive; 4-the worst; 5-the longest

UNIT 28

Ex 1: [Possible answers] 1-not so (as) big as; 2-as famous as; 3-not so (as) valuable as; 4-as old as; 5-as exciting as

Ex 2: 1-d; 2-e; 3-g; 4-f; 5-b; 6-c; 7-h; 8-a; #1 = as strong as a horse, etc.

Ex 3: 1-He doesn't have as much money as he used to. 2-Mary has as much imagination as I do. 3-Does John have as many toys as you do? 4-Have as many cups of coffee as you like! 5-Eat as much cake as you want!

UNIT 29

Ex 1: 1-many; 2-little; 3-much; 4-few; 5-fewer; 6-less

Ex 2: 1-much; 2-few; 3-many; 4-fewer; 5-less; 6-little

Ex 3: 1-a lot of; 2-not many; 3-a lot of; 4-not as many [as]; 5-not as much [as]; 6-not much

Ex 4: 1-little; 2-a few; 3-few; 4-a little

UNIT 30

Ex 1: 1-terrifying; 2-astonished; 3-interested; 4-embarrassing; 5-shocking; 6-exhausted

Ex 2: 1-irritating/irritated; 2-amazed/amazing; 3-amused/amusing; 4-worrying/worried; 5-satisfied/satisfying

UNIT 32

Ex 1: 1-b, c, e, g; 2-a, d, e, f

Ex 2: 1-bought at the auction; 2-buying at the auction; 3-eaten in the cafe; 4-eating in the cafe; 5-knitting on this machine; 6-knitted on this machine; 7-awarding the prize; 8-being awarded the prize; 9-operating in there; 10-being operated on in there

Ex 3: 1-The man with the pipe and the woman in the green dress are both waiting for the plane from Toronto. 2-The lady in red bought a book about butterflies at the bookstore on Fifth Avenue. 3-A car with darkened windows came around the corner of the street and stopped near the house opposite mine. 4-Inspectors from head office will attend the meeting of the committee and the ceremony after lunch. 5-Some men in blue uniforms carried the chair with the broken leg out of the apartment above ours.

Ex 4: 1-John F. Kennedy; 2-Uruguay; 3-St. Augustine; 4-Hawaii and Alaska; 5-Pluto

UNIT 33

Ex 1: 1-One Thousand (or A Thousand) and One Nights; 2-Forty-Second Street; 3-Eight and a Half;

4-The Twelfth of Never

Ex 2: 1- ninety-seven; 2-two hundred and seven; 3-one thousand (or a thousand), five hundred and fifteen; 4-eighteen point seven-five; 5-one billion (or a billion)

Ex 3: 1-three-five-one-eight-nine-two-six; 2-five-two-three-eight-oh-four-eight; 3-seven-nine-four-oh-two-oh-oh

Ex 4: 1-December twenty-fifth/the twenty-fifth of December; 2-January first/the first of January; 3-February fourteenth/the fourteenth of February

Ex 5: 1-October twelfth (the twelfth of October), fourteen ninety-two; 2-May fifth (the fifth of May), eighteen sixty-two; 3-July fourth (the fourth of July), seventeen seventy-six; 4-January first (the first of January), nineteen hundred; 5-August thirtieth (the thirtieth of August), nineteen oh five

Ex 6: 1-Elizabeth the first, fifteen thirty-three to sixteen oh three; 2- Charles the fifth, fifteen hundred to fifteen fifty-eight; Pius the twelfth, eighteen seventy-six to nineteen fifty-eight; Henry the eighth, fourteen ninety-one to fifteen forty-seven

UNIT 34

Ex 1: 1-prettily; 2-safely; 3-beautifully; 4-dramatically; 5-seriously; 6-carelessly; 7-enthusiastically; 8-hungrily; 9-well; 10-badly; 11-hard; 12-fast

Ex 2: 1-We ate the delicious food enthusiastically. 2-The powerful train went slowly through the old town. 3-The small crowd watched the game nervously. 4-The smart students answered the exam questions easily. 5-The inexperienced teenager drove his new truck too fast.

Ex 3: 1-dramatic/dramatically; 2-carefully/careful; 3-angry/angrily; 4-well/good; 5-hard/hard

UNIT 35

Ex 1: 1-We usually eat fish on Fridays. 2-It hardly ever rains in Death Valley. 3-It is sometimes very cold in the mornings. 4-Have you always liked his movies? 5-You can never find a free taxi. 6-We pay our taxes annually. 7-Do you often eat meat? 8-Rarely do you see more beautiful paintings. 9-They usually watch TV every night. 10-I have frequently been a substitute teacher there.

UNIT 36

Ex 1: 1-For years they ran their business efficiently in New York. 2-Every night John studies physics diligently in his room. 3-Every year more people travel by air in America. 4-Mary spoke quietly but effectively at the meeting on Monday morning.

UNIT 37

Ex 1: 1-very; 2-too; 3-exceptionally; 4-quite; 5-terribly; 6-pretty; 7-so; 8-somewhat; 9-fairly; 10-extremely

Ex 2: 1-totally; 2-almost; 3-partially; 4-completely

SECCIÓN CINCO

UNIT 38

Ex 1: 1-from; 2-was looking to; 3-looked after; 4-was in; 5-to write on

Ex 2: 1-in; 2-to; 3-on; 4-on; 5-to

UNIT 39

Ex 1: 1-at; 2-in; 3-on; 4-in; 5-in; 6-at; 7-by; 8-on; 9-on; 10-by

Ex 2: 1-since; 2-for; 3-until; 4-during; 5-from; 6-till; 7-during; 8-in; 9-for; 10-since

UNIT 40

Ex 1: 1-at; 2-on; 3-in; 4-at; 5-in; 6-on; 7-on; 8-at; 9-in

Ex 2: 1-across; 2-from; 3-towards; 4-to; 5-up; 6-past; 7-from; 8-as far as; 9-through; 10-around

UNIT 41

Ex 1: 1-e; 2-c; 3-d; 4-b; 5-a

Ex 2: 1-for; 2-cutting; 3-What; 4-for; 5-s; 6-s; 7-are; 8-re; 9-for; 10-they

Ex 3: 1-like; 2-unlike; 3-as; 4-like; 5-like; 6-as; 7-as; 8-like; 9-unlike; 10-as

Ex 4: 1-of; 2-from; 3-on; 4-on; 5-by; 6-of; 7-on; 8-on; 9-from; 10-on

UNIT 42

Ex 1: 1-in addition; 2-however; 3-therefore; 4-alternatively; 5-then; 6-meanwhile

UNIT 43

    Ex 1: 1-and; 2-but; 3-neither; 4-or; 5-but; 6-either; 7-or; 8-both; 9-and; 10-neither; 11-nor

UNIT 44

    Ex 1: 1-as; 2-even though; 3-wherever; 4-because; 5-if
    Ex 2: 1-d; 2-a; 3-e; 4-c; 5-b
    Ex 3: 1-when; 2-unless; 3-although; 4-since; 5-as if; 6-where

SECCIÓN SEIS

UNIT 45

    Ex 1: 1-are; 2-am; 3-is; 4-am; 5-aren't; 6-are; 7-are; 8-is; 9-aren't; 10-are; 11-are; 12-was; 13-was;
        14-wasn't; 15-was; 16-were; 17-were; 18-was
    Ex 2: 1-are; 2-are; 3-is; 4-is; 5-am; 6-were; 7-is; 8-was; 9-were; 10-was; 11-was; 12-were
    Ex 3: 1-c; 2-f; 3-a; 4-e; 5-b; 6-d
    Ex 5: ¡Hola! ¿Cuál es tu nombre?; Es Dave.; Vaya, eres muy alto,Dave. ¿ Cuánto mides?; Mido como seis
        pies y ocho pulgadas.; ¡Wow! ¡ Eso es como dos metros! ¿Cuántos años tienes?; Tengo diecisiete
        años.; Eso es fantástico. Dime, ¿ cuánto costaron tus tenis?; Costaron cerca de cien dólares. ¡Haces
        muchas preguntas!

UNIT 46

    Ex 1: 1-live ; 2-don't live; 3-travels; 4-make; 5-does/consist; 6-does; 7-do/eat; 8-don't
    Ex 2: 1-Crocodiles don't live in Canada. They live in Africa. 2-Sugar cane doesn't grow in cold climates.
        It grows in hot climates. 3-Doctors and nurses don't usually work in factories. They usually work
        in hospitals. 4-Brazilians don't speak Spanish as their first language. They speak Portuguese.
        5-The solar system doesn't have twelve planets. It has nine.
    Ex 3: 1-does/go (get); 2-goes (gets); 3-do; 4-drive; 5-does/do; 6-studies; 7-do/study; 8-don't; 9-does;
        10-does

UNIT 47

    Ex 1: 1-talking; 2-drying; 3-coming; 4-making; 5-cutting; 6-slipping; 7-admitting; 8-canceling
    Ex 2: 1-is raining; 2-is wearing; 3-am making; 4-are studying; 5-are swimming
    Ex 3: 1-What are you and Mary doing these days? 2-We are running our own business.
        3-Are you still living on campus? 4-No we aren't. We are living with Mary's parents.
        5-And are you still playing golf? 6-No I'm not. But I'm learning to fly!
    Ex 4: 1-are finding; 2-are spending; 3-is beginning; 4-are buying; 5-are hiring

UNIT 48

    Ex 1: 1-runs; 2-is running; 3-is running; 4-are/watching; 5-watch; 6-watches; 7-doesn't/make;
        8-is making; 9-are/eating; 10-am eating; 11-eat; 12-don't eat
    Ex 2: 1-Robert teaches in a primary school. At present he is teaching a new Math course.
        2-Jan and Linda dance with a ballet group. At present they are dancing in Madrid.
        3-Tom and Anna study at a unversity. At present they are studying for final exams.
    Ex 3: 1-do you like; 2-does this cost; 3-does that include; 4-think; 5-don't understand; 6-is telling
    Ex 4: 1-is calling; 2-is eating; 3-does/eat; 4-is writing; 5-begins; 6-does/get up; 7-takes; 8-has;
        9-am cleaning; 10-am getting

UNIT 49

    Ex 1: 1-fell; 2-sat; 3-ran; 4-read; 5-swam; 6-woke; 7-brought; 8-won; 9-flew; 10-kept; 11-began; 12-cost;
        13-fought; 14-hit; 15-lost
    Ex 2: 1-decided; 2-started; 3-was; 4-stopped; 5-sat down; 6-fell; 7-walked; 8-passed; 9-crossed;
        10-won; 11-woke up; 12-ran; 13-arrived
    Ex 3: 1-visited; 2-did/arrive; 3-stopped; 4-did/like; 5-loved; 6-didn't want

UNIT 50

    Ex 1: 1-looking; 2-feeling; 3-taking; 4-writing; 5-winning; 6-digging; 7-singing; 8-laughing
    Ex 2: 1-were eating breakfast. 2-Mr. and Mrs. Johnson were swimming and Pete was taking a shower.
        3-were shopping and Pete was playing tennis. 4-was studying at the library and her parents were
        watching a baseball game at the stadium. 5-was listening to music with some friends.
    Ex 3: 1-d; 2-a; 3-e; 4-c; 5-b

Ex 4: 1-arrived; 2-was cooking; 3-were sitting; 4-rang; 5-was talking; 6-came in; 7-were having;
8-appeared

UNIT 51

Ex 1: 1-will be; 2-won't be; 3-will/be; 4-won't; 5-will rain; 6-won't rain; 7-will/rain; 8-will; 9-won't
Ex 2: 1-are going to have; 2-are/going to do; 3-am going to visit; 4-are/going to drive; 5-are going to fly;
6-is going to rain; 7-are going to get; 8-is going to buy; 9-isn't going to tell; 10-is going to be
Ex 3: 1-will; 2-am going to; 3-will; 4-is going to; 5-will

UNIT 52

Ex 1: leaves; 2-arrives; 3-Does/leave; 4-leaves; 5-does/arrive; 6-doesn't leave; 7-leaves
Ex 2: 1-B; 2-D; 3-E; 4-F; 5-A; 6-C
Ex 3: 1-am having; 2-are playing; 3-am serving; 4-is coming; 5-is working; 6-are meeting; 7-are going
Ex 4: 1-is seeing; 2-are leaving; 3-starts; 4-am going to buy; 5-are/going to get; 6-will like; 7-will love;
8-is going to fall; 9-will get; 10-won't wait

UNIT 53

Ex 1: 1-sell/sold; 2-wear/worn; 3-break/broken; 4-write/written; 5-buy/bought; 6-win/won;
7-give/given; 8-forget/forgotten; 9-cut/cut; 10-sing/sung
Ex 2: 1-has written; 2-haven't won; 3-have forgotten; 4-have cut; 5-Have/worn; 6-has sung;
7-haven't sold; 8-Have/bought; 9-have broken; 10-has given
Ex 3: 1-a; 2-d; 3-c; 4-b; 5-c; 6-b
Ex 4: 1-¿Has comido cuscus?; 2-Ella ya ha visto esa película.; 3-Bill ha comprado dos coches este año.;
4-Me he quedado allí cada año desde 1990.; 5- Ya hicimos mucho trabajo esta mañana.;
6-La conozco desde hace muchos años.

UNIT 54

Ex 2: 1a- George Washington murió hace mucho tiempo. 1b- Bill Clinton todavía era presidente
en 1993. 2a- Chris Evert ya se había retirado del tenis en 1992. 2b- Steffi Graf continuaba como
jugadora activa en 1992. 3a- Arthur Ashe se retiró del tenis muchos años antes de 1992.
3b- Jim Courier era un jugador activo en 1992.
Ex 3: 1-go; 2-went; 3-have gone; 4-have/written; 5-wrote; 6-write; 7-Did/walk; 8-has walked; 9-do/walk

UNIT 55

Ex 1: 1-got; 2-had finished; 3-saw; 4-had eaten; 5-were; 6-arrived; 7-began; 8-had made; 9-had read;
10-turned up; 11-had forgotten; 12-had gone; 13-was; 14-won; 15-hadn't won
Ex 2: 1-met; 2-hadn't talked; 3-was; 4-haven't seen; 5-were; 6-had just returned; 7-hadn't enjoyed;
8-had been; 9-have/ever visited; 10-went; 11-wanted; 12-had visited; 13-was

UNIT 56

Ex 1: 1-is; 2-is; 3-has; 4-has; 5-had; 6-had; 7-is; 8-is; 9-would; 10-would.
Ex 2: 1-B; 2-A; 3-C; 4-D; 5-E; 6-F
Ex 3: 1-have smoked; 2-have been smoking; 3-had been running; 4-had run; 5-have been eating;
6-have eaten; 7-had been painting; 8-had painted

UNIT 57

Ex 1: 1-C; 2-D; 3-A; 4-E; 5-B
Ex 2: 1-If the red light comes on, don't use the machine. 2-If you have an auto accident,
you must report it to the police. 3-If a snake bites you, get help quickly. 4-If there is a storm,
you should stop playing.
Ex 3: 1-see/will give; 2-don't study/will not pass; 3-will live/ don't smoke; 4-do not save/will suffer;
5-go/will find; 6-will you buy/give; 7-don't eat/will lose; 8-will improve/read;
9-spend/will not have; 10-learn/will get

UNIT 58

Ex 1: 1-would you do/won; 2-found/would you take; 3-would you earn/took; 4-had/would add;
5-would be/wrote
Ex 3: 1-sí; 2-sí; 3-no; 4-sí; 5-no; 6-no
Ex 4: 1-had known/would have come; 2-would have bought/had had; 3-would have made/had told;
4-had given/would have written; 5-would have taken/had asked

UNIT 59

Ex 1: 1- Me enseña inglés el Sr. Jones. 2-Estás invitado a una fiesta este sábado. 3-El café se exporta desde muchos países. 4-Un amigo nos lleva al trabajo los lunes. 5-Los libros se imprimen eficientemente en esta época. (La voz pasiva se utiliza en español en las oraciones 2, 3 y 5).

Ex 2: 1-are produced; 2-is celebrated; 3-is spoken; 4-were held; 5-was visited; 6-was written

Ex 3: 1-is spoken; 2-can be seen; 3-is being delivered; 4-has been found; 5-must be written; 6-was observed; 7-was being watched; 8-had been taken

Ex 4: 1-is taught; 2-was cultivated; 3-have been eaten; 4-be bought; 5-was being sung

UNIT 60

Ex 1: 1-considered; 2-be considered; 3-based; 4-were based (or: had been based); 5-was published; 6-have been published; 7-were sold; 8-have been sold; 9-was accepted; 10-accepted

Ex 2: 1-The children were always told a bedtime story. 2- All the members have been sent a letter. 3-You will be asked a number of questions. 4-The lenders are owed a very large sum of money. 5-We had been promised our freedom.

Ex 3: 1-It is hoped that the war will soon come to an end. 2-It has been discovered that wine can be good for you. 3-It will be said that the marriage is finished. 4-It might be thought that you have betrayed your country. 5-It had been suggested that a new group be formed.

UNIT 61

Ex 1: 1-John said that he had seen a flying saucer. 2-The weather forecast said that the weather would be sunny and warm. 3-Mary told John that she was enjoying the movie. 4-David told Jane that he knew it was difficult. 5-Peter said they had stopped the car beside the road.

Ex 2: 1-My father said I could take the car if I liked. 2-Mary said that those children ought to be more careful. 3-Our mother said that we must not play with the fire. 4-Tom said that he would take the dog out for a walk.

Ex 3: 1-Mary asked me if Peter spoke French. 2-John asked me if Jack was studying Chinese. 3-John asked Mary which team would win the World Series. 4-Mary asked me when Jack had his vacation. 5-John asked Mary what Peter had been studying.

UNIT 62

Ex 1: Mary said that she needed a new coat and John asked her what color she wanted to get. Mary said she thought she would get a dark blue one and John asked if she meant like his suit. Mary said that she did because then they would be coordinated.

Ex 2: I told John that I needed a new coat and he asked me what color I wanted to get. I said I thought I'd get a dark blue one and John asked if I meant like his suit. I told him that I did because then we would be coordinated.

Ex 3: John: What are you going to do today?
Mary: I will do the same as I did yesterday and the same as I will be doing tomorrow.
John: Don't you like it here?
Mary: I don't like this house or all these questions.

UNIT 63

Ex 1: 1-don't smoke; 2-drink; 3-eat; 4-don't cross; 5-buy; 6-keep; 7-don't drop; 8-don't forget

Ex 2: 1-C; 2-D; 3-E; 4-G; 5-B; 6-A; 7-H; 8-F

UNIT 66

Ex 1: 1-can/can't; 2-couldn't; 3-could; 4-were able; 5-will be able

Ex 2: 1-may/may not; 2-might; 3-might not; 4-may

UNIT 67

Ex 1: 1-mustn't; 2-can't; 3-don't have to; 4-must; 5-had to

Ex 2: 1-shouldn't; 2-shouldn't have; 3-should; 4-ought; 5-oughtn't

UNIT 68

Ex 1: 1-give up/renounce; 2-look up/investigate; 3-put off/postpone; 4-turn down/reject; 5-go on/continue

Ex 2: 1-You should give up smoking. 2-I am going to try to give it up again. 3-But you keep putting it off! 4-This time I am going to go on. 5-I won't turn down that offer!

ÍNDICE